www.ingramcontent.com/pod-product-compliance
Lightning Source LLC
Chambersburg PA
CBHW070122110526
44587CB00017BA/2967
* 9 7 8 1 7 7 8 9 2 1 0 2 5 *

◦ به نام یزدان پاک ◦

تقدیم:

سریال کتاب:P2245110191
عنوان: اعتمادبه نفس
زیر نویس عنوان: زیباترین لباسی که میتونی بپوشی
نویسنده: رودابه دیده بان
ویراستار: فاطمه صفار
صفحه آرا: فرزانه اعرابی
طراح جلد: فرزانه اعرابی
شابک: ISBN: 978-1-77892-102-5
موضوع: روان شناسی، خودشناسی، توسعه فرد
مشخصات کتاب: رقعی، ۸.۳۵ x ۵.۵۰ اینچ
تعداد صفحات: ۱۹۰
تاریخ نشر در کانادا: ژانویه ۲۰۲۴
انتشارات در ایران: نواندیشان دنیای کتاب
انتشارات در کانادا: انتشارات بین المللی کیدزوکادو

هر گونه کپی و استفاده غیر قانونی شامل پیگرد قانونی است.
تمامی حقوق چاپ و انتشار در خارج از کشور ایران محفوظ و متعلق به انتشارات می‌باشد.
Copyright @ 2024 by Kidsocado Publishing House
All Rights Reserved

Kidsocado Publishing House
خانه انتشارات کیدزوکادو
ونکوور، کانادا

تلفن: +1 (833) 633 8654
واتس آپ: +1 (236) 333 7248
ایمیل: INFO@KIDSOCADO.COM
وبسایت انتشارات: HTTPS://KIDSOCADO.COM
وبسایت فروشگاه: HTTPS://KPHCLUB.COM

سفیرآگاهی باشیم

رودابه دیده‌بان

اعتماد به نفس

زیباترین لباسی که میتونی بپوشی

نویسنده: رودابه دیده‌بان

روانشناس

تقدیم به

او که همنام خداوند جهان است وکیل — بر سر مشکل مردم نگران است وکیل

گاه رودیست خروشان که به دریا برسد — گاه آرام تر از آب روان است وکیل

تکیه گاه امنم، همسفر سبز لحظه های زندگی ام،

آقای علیرضا فرزانه که با تو مسیر شکفتن هموار شد؛

با تو که نه تنها برای من و فرزندان مان تکیه گاه امنی؛ بلکه با کلام و توانت همواره

نور امید در دل موکل هایت هستی.

تقدیم به بزرگ قهرمانان کوچک ام، همراهان من در مسیر شکوفایی؛

فرشته نازنین ام آرشیدا، دانش آموز سمپادی؛

نازنین پسرم آرتین، جوان ترین سخنران ایران.

روح پدرم شاد که فرمود به استاد　　　　فرزند مرا عشق بیاموز و دگر هیچ

تقدیم به پدرم؛

اولین آموزگار زندگی ام که کلام و اندیشه هایش، روشنگر راه زندگی من است. قاضی توانا و
استاد دانشگاه که در زمان زندگی اش روشنگر راه فرهیختگان بسیاری بود.

تقدیم به مادرم، خانم دکتر رباب مسیح پور؛

که اولین جرقه های علاقه مندی ام به روانشناسی، در کودکی و در مسیر شغلی
مادرم شکل گرفت.

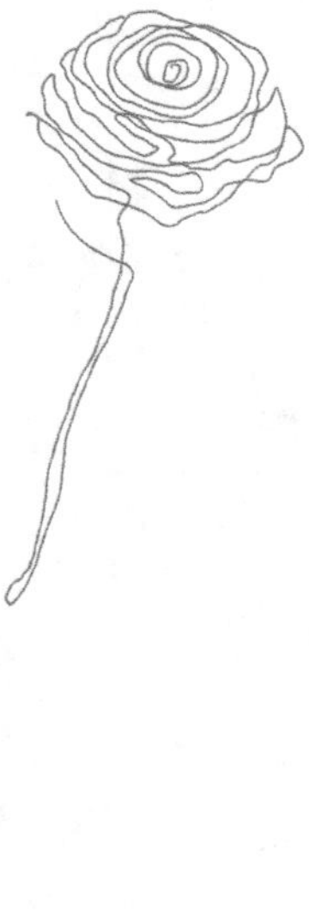

تقدیم به خواهر نازنین ام روجا؛

و برادر عزیزم، رامتین؛

تقدیم به کسی که برای اولین بار، باور توانستن را در من پرورش داد؛

کسی که ورودش، آغاز تغییر در مسیر زندگی ام و شروع نقطه عطف من بود و با آموزه های ارزشمندش، حال من هر روز از هر جهت بهتر و بهتر شد و به امید خداوند، هر روز بهتر از دیروز خواهد شد؛

استاد بهمن خواه بزرگوار،

همچنان بدرخشید و بر زندگی انسان های بیشتری تأثیرگذار مثبت باشید؛

انشاالله که به لطف خدا بتوانم ادامه دهنده راه اساتیدم باشم...

خدایا شکرت...

انسان های موفق، اساتید بزرگی دارند.

تقدیم به کسی که اگر نبود، امروز در این جایگاه نبودم؛

برای موفقیت نقشه راه لازم است. نیاز است اساتیدی درکنارت باشند؛ در مسیر، روشنگر راهت باشند و هرگز رهایت نکنند.

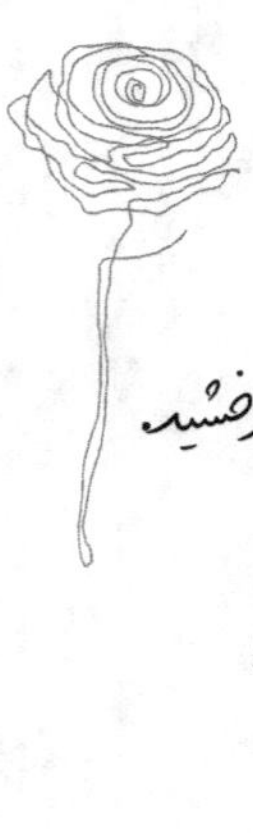

استاد صادقلوی بزرگوار؛

با شما به اوج رسیدن هموار شد. شاد و سلامت باشید و همواره با سخنرانی بدرخشید.

امیدوارم این سعادت را داشته باشم که باعث افتخار اساتیدم باشم.

نام و یاد خدا که آرامش بخش قلب هاست...

تقدیم به پدر موفقیت ایران، دکتر احمد حلت بزرگوار؛

که به لطف مطالعات مادرم، خاطرات نوجوانی من با مجله های موفقیت همراه شد.

اولین و تنها مجله ای که دنبال می کردم و می آموختم؛

دکتر حلت بزرگوار سپاس از مهرتان. بدرخشید و تأثیرگذار باشید.

تقدیم به استاد بزرگوارم، آقای پیام بهرام پور؛

هر زمان که در مسیر از انگیزه‌ام کم می‌شد، با جملات ارزشمندشان دوباره

برمی‌خاستم و حرکت می‌کردم.

امروز کارهایی انجام می‌دهم که دیگران حاضر نیستند انجام دهند،

تا فردا کارهایی انجام دهم که دیگران قادر نیستند انجام دهند.

همچنان بدرخشید و تأثیرگذار باشید؛

بیشتر از یک نفر باشیم.

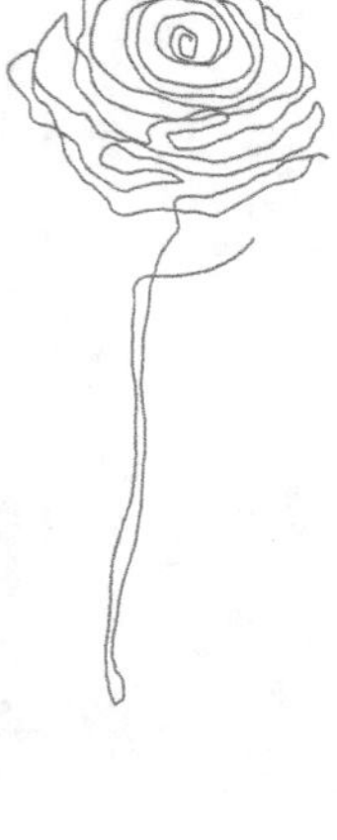

تقدیم به پدر آداب تشریفات ایران، از افتخارات ایران زمین،

آقای پرفسور علی محمد بیدارمغز؛

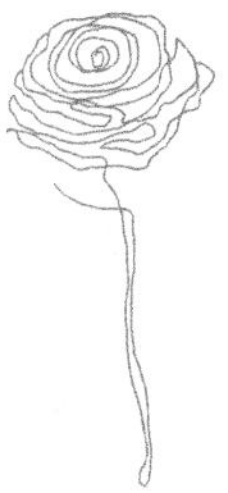

که در محضر ایشان آموختم:

بدرخشید و همچنان سفیر آگاهی و آداب باشید؛

تقدیم به اساتید بزرگوارم در خانواده روان‌شناسی؛

خانم دکتر زهرا دشت بزرگی، مدیر گروه محترم بخش روان‌شناسی دانشگاه آزاد اهواز؛

آقای دکتر محمد حسین محبی، استاد راهنمای بزرگوار، پر از معلومات، توانمند و با اخلاق در مسیر پایان‌نامه‌ام؛

آقای دکتر حمدالله جایرونذ که آموختن در محضر ایشان، سعادتی بزرگ بود که نصیب بنده شد؛

اساتید بزرگوارم:

خانم دکتر فاطمه وزیرنیا، خانم دکتر ویولت ولی‌پور، خانم دکتر فاطمه سادات رعشیان، خانم دکتر قدسیه حلیم‌زاده، خانم دکتر افسانه خواش‌بندی، خانم دکتر مهناز بهادری، خانم دکتر مرضیه طالب‌زاده، خانم دکتر شهناز نعمتی، آقای دکتر سعید خسروی، آقای دکتر علی عبداللهی، آقای دکتر بختیارپور و دیگر اعضای خانواده روان‌شناسی من؛

دانشجویان روانشناسی علوم تحقیقات اهواز، خصوصاً گروه شخصیت ۱۴۰۱؛

همه ما یک خانواده‌ایم و بسیار خوشحالم که کنار شما عزیزان هستم.

فهرست مطالب

مقدمه ۱۷
آغاز مسیر تغییر در زندگی من ۲۳

فصل اول: خودآگاهی و خودشناسی ۲۵
تعریف خودآگاهی و اینکه چرا به یادگیری آن نیاز داریم؟ ۲۷
انواع خود ۳۰

فصل دوم: عزت‌نفس ۴۳
عزت‌نفس چیست و چرا برای زندگی بهتر به عزت‌نفس نیاز داریم؟ ۴۵
تعریف سلامت روان از نظر سازمان بهداشت جهانی who ۴۷
هرم مازلو ۵۰
چگونگی شکل‌گیری عزت‌نفس در انسان ۵۵
چهار منبع عزت‌نفس ازنظر کریستوفر مراک ۵۶
نشانه‌های عزت‌نفس پایین ۶۳
راهکارهای بالا بردن عزت‌نفس ۶۴
باور ۶۶

باورهای رشددهنده	۶۷
باورهای محدودکننده	۶۷
انگیزه	۷۱
مسئولیت‌پذیری	۷۳
لایهٔ بعدی، شجاعت ابراز وجود	۷۵
ارزش‌ها	۷۶
زندگی هدف‌مند	۸۰
لایهٔ بعدی: خودکارآمدی است	۸۳
خودمراقبتی چیست؟	۸۷
نشانه‌های عزت‌نفس سالم	۸۹
مدل هشت‌بعدی عزت‌نفس	۹۰

فصل سوم: اعتمادبه‌نفس ۱۰۳

اعتمادبه‌نفس چیست و چرا باید اعتمادبه‌نفس داشته باشیم؟	۱۰۵
به این مسیر خوش اومدی	۱۰۸
اعتمادبه‌نفس	۱۱۲
اعتمادبه‌نفس در ارتباط	۱۱۲
سبک ارتباطی منفعل	۱۱۴
سبک ارتباطی پرخاشگر	۱۱۵
سبک ارتباطی منفعل پرخاشگر	۱۱۵
سبک ارتباطی جرئت‌مندانه (مهارت ابرازوجود سالم)	۱۱۶
اعتمادبه‌نفس – مهارت‌های کلامی	۱۱۹
مهارت درخواست کردن	۱۲۰
مشاهده	۱۲۲

احساس	۱۲۲
نیاز یا انتظار	۱۲۳
درخواست یا پیشنهاد	۱۲۳
چگونه نه بگوییم	۱۲۴
چگونگی ساخت حد و حریم	۱۲۴
آداب نه گفتن	۱۲۵
مهارت انتقاد کردن (بازخورد دادن)	۱۲۶
فرمول کلامی قدردانی حرفه‌ای	۱۲۸
چگونه عذرخواهی کنیم؟	۱۳۲
اعتمادبه‌نفس شناخت توانمندی‌ها و آزادسازی پتانسیل‌ها	۱۳۳
ساعات پرانرژی بدن خود را شناسایی کنیم	۱۳۴
چه کارهایی باعث کاهش اعتمادبه‌نفس می‌شود؟ برای افزایش اعتمادبه‌نفس چگونه عمل کنیم؟	۱۳۶
کمال‌گرایی منفی (کامل‌گرایی)	۱۳۷
حالا برای رهایی از کامل‌گریی چه کنیم؟	۱۳۸
اهمال‌کاری	۱۳۸
تفاوت اهمال‌کاری با تنبلی	۱۳۹
گفت‌وگوی درونی منفی	۱۴۱
برچسب‌های منفی	۱۴۱
مقایسهٔ خود با دیگران	۱۴۲
مرور افکار منفی	۱۴۳
رفتارهای هیجانی و نامناسب	۱۴۴
هوش هیجانی چیست؟	۱۴۵
دوستان نامناسب	۱۴۷

افراد سمی	۱۴۷
ویژگی‌های افراد سمی	۱۴۸
اعتمادبه‌نفس - بخشش	۱۵۰
اعتمادبه‌نفس هدف	۱۵۱
کوچک شمردن موفقیت‌ها	۱۵۲
تمرکز شما بر نقاط ضعف‌تان است یا نقاط قوت‌تان؟	۱۵۴
ویژگی‌های افراد با اعتمادبه‌نفس	۱۵۴
اعتمادبه‌نفس خروج از دایرهٔ نگرانی	۱۵۷
برخی از مواردی که ما نمی‌توانیم بر روی آن‌ها تاثیرگذار باشیم	۱۵۷
مواردی که در دایرهٔ کنترل ماست	۱۵۸
اعتمادبه‌نفس تغییر	۱۵۹
اعتمادبه‌نفس شناخت و مدیریت احساسات	۱۶۱
اعتمادبه‌نفس بلوغ رفتاری	۱۶۵
اعتمادبه‌نفس آرامش	۱۶۶
اعتمادبه‌نفس شادکامی	۱۶۶
نتایج شادکامی در زندگی	۱۷۰
ویژگی‌های افراد شادکام	۱۷۰
هدف روان‌شناسی مثبت‌نگر	۱۷۱
اعتماد به نفس یکپارچگی و تعادل در زندگی	۱۷۲
ابعاد مختلف زندگی	۱۷۴
اعتماد به نفس جذابیت	۱۷۸
بخش پایانی و مرور	۱۸۱
آغاز یک پایان	۱۸۳
منابع	۱۸۷

مقدمه

میهن پاکم ز خوزستان سلامت می‌کنم

از دل کارون پاکم من نگاهت می‌کنم

از فراز نخل‌های استوار

پرتوان گرم مهرم را نثارت می‌کنم

رودابه دیده بان

دوست من سلام

اول از همه به تو تبریک می‌گم، از این بابت که اهل مطالعه هستی و در دنیایی که اکثر آدم‌ها حوصله ندارن حتی چند دقیقه روی یک مطلب آموزشی تمرکز کنند یا درس‌های مدرسه، دانشگاه و دوره‌های ضمن‌کار رو

هم به‌اجبار می‌گذرونن، تو آگاهانه انتخاب کردی که وقت و هزینه‌ت رو به مطالعه اختصاص بدی و روی رشد خودت و توسعهٔ مهارت‌های فردی‌ت سرمایه‌گذاری کنی، تا از خودت شخص توانمندتری بسازی.

همان‌طور که یونگ، روان‌پزشک و روان‌کاو سوئیسی و بنیان‌گذار مکتب روان‌تحلیلی، گفته: «هرچیز خوبی پرهزینه است و گسترش شخصیت یکی از پرهزینه‌ترین‌هاست.» هزینه فقط مالی نیست. زمان، عمر، تمرکز و تمرین‌هایی که انجام می‌دی و انرژی‌ای که می‌گذاری، این‌ها همه هزینه‌ست.

قطعاً تو متفاوتی و خوشحالم از اینکه همراهم هستی و با خرید این کتاب عملاً مرا به‌عنوان مربی خودت در دستیابی به اعتمادبه‌نفس استخدام کردی.

تمام تلاشم را انجام می‌دهم تا این مسیر را به‌خوبی با هم سپری کنیم.

من رودابه دیده‌بان، نویسندهٔ این کتاب، روان‌شناس و مدرس مهارت‌های ارتباطی، خیلی خوشحالم که ازطریق این کتاب با شما و دیگر هم‌وطنانم در جای‌جای این کرهٔ خاکی در ارتباطم.

روشی را که من در مسیر شغلی‌ام در روان‌شناسی انتخاب کرده‌ام، روش خودیاری است.

اطلاعات مورد نیاز همراهانم را به‌صورت سخنرانی و برگزاری دوره‌های آموزشی، حضوری و آنلاین، سمینار و وبینار و کارگاه در اختیار همراهانم در

ایران و فارسی‌زبانان سراسر دنیا قرار می‌دهم تا با افزایش آگاهی و حال خوب بتوانند، موارد مورد نیاز خودشان را برای دستیابی به یک زندگی بهتر تشخیص بدهند و با توسعهٔ مهارت‌های فردی و روان‌شناختی خود، به بهترین نسخه از خودشان دست پیدا کنند. تا بتوانند در زندگی شخصی و اجتماعی خود مؤفق‌تر باشند و سلامت روان و آرامش بیشتری را تجربه کنند، نتایج بهتری بگیرند و دستاورد و حتی درآمد بهتری را برای خودشان رقم بزنند و زندگی را با کیفیت بهتری تجربه کنند.

توسعهٔ فردی و روش‌های خودیاری، شامل پرورش مهارت‌هایی است که به افراد کمک می‌کند، آگاهانه زندگی کنند و در جهت شکوفایی و رسیدن به حداکثر توانمندی‌های خود، برنامه‌ریزی و اقدام کنند.

البته تراپی و مشاورهٔ فردی را هم در مجموعهٔ خود داریم و البته با افزایش آگاهی، جلسات مشاوره و درمان سودمندتر و کوتاه‌تر می‌شود.

من در این کتاب با زبانی بسیار ساده با اساسی‌ترین مهارت‌های روان‌شناختی، که دسترسی به خودآگاهی، خودشناسی، عزت‌نفس و اعتمادبه‌نفس است، با شما همراه هستم.

این مطالب علمی و ارزشمند آن‌چنان به زبان خودمانی، ساده‌سازی و طبقه‌بندی شده که مناسب همه با هر سطح از آگاهی، تحصیلات و سنی

اعتمادبه‌نفس
زیباترین لباسی که میتونی بپوشی

است؛ به‌طوری که احساس می‌کنید نویسنده رودرروی شما نشسته و دونفره با هم صحبت می‌کنید. در این کتاب با همان زبانی که در سمینارهایم یا در اتاق درمان با مراجعینم صحبت می‌کنم، در کنار شما هستم.

من رو در دستیابی به اعتمادبه‌نفس دوست خودت بدون و اگه سؤالی برات پیش اومد، در دایرکت پیج از من بپرس. من اونجا هم کنارت هستم.

Roodabeh_didehban.ac

باعث افتخاره، کتابی که هم‌اکنون در دست شماست، به‌طور هم‌زمان در داخل و خارج از کشور درحال انتشار است و خوشحالم که به‌عنوان یک بانوی ایرانی، این افتخار را دارم که در خدمت هم‌وطنانم باشم و توانستم این کتاب را در کلاس جهانی منتشر کنم.

خوشحالم که با اطلاعات ارزشمند این کتاب مهمان خانه‌ها، ذهن‌ها و قلب‌هایشان باشم و برای آن‌ها سفیر آگاهی و حال خوب باشم.

در سفرهای شخصی زیادی که به قاره‌ها و کشورهای مختلف داشته‌ام و ارتباطی که با هم‌وطنانم در این سفرها گرفته‌ام، متوجه شده‌ام که در بسیاری از نقاط دنیا، دسترسی به نسخهٔ فیزیکی کتاب‌های فارسی خیلی کم است. دوستان و عزیزانی را می‌دیدم که به زبان مادری صحبت می‌کردند و مدام به من می‌گفتند که دوست دارند یک کتاب به زبان مادری را در دست بگیرند و

مقدمه

لذت خواندنش را در خانه‌های خود، در آن سوی مرزها، تجربه کنند و من با این کتاب مهمان خانه‌های تک‌تک‌شان شده‌ام و به گفتهٔ خودشان بوی وطن را به خانه‌هایشان برده‌ام.

پیش از این دسترسی به PDF و نسخه‌های آنلاین کتاب‌های فارسی مقدور بود، ولی لذت در دست گرفتن کتاب و رفتن به گوشه‌ای دنج، کسب آگاهی و سفر به خلوت درون به‌همراه یک فنجان آرامش، موردی بود که به‌شخصه در سفرهای مختلف کمبودش را حس کرده‌ام و حالا این کتاب در کانادا مجوز چاپ گرفته و سفارش نسخهٔ فیزیکی آن در آمازون مقدور است.

هر جای دنیا که باشید، می‌تونید کتابم رو سفارش بدید و چند روز بعد در خونه‌هاتون دریافت کنین.

افتخار و شیرینی این موفقیت اول تقدیم به مردم شهر و استان خودم، سپس عزیزان سرزمینم و فارسی‌زبانان تمام دنیا. ارزشی که با این کتاب به دنیا اضافه کردم، تقدیم به کشورم.

اگه دوست داری پیجم رو به آدرس:

roodabeh_didehban.ac

فالو کن و اگه فکر می‌کنی دوستان و اطرافیانت هم با یادگیری این مهارت‌ها

حال بهتری رو تجربه می‌کنن، به اون‌ها هم پیشنهاد بده و در آگاهی و حال خوب‌شون سهمی‌داشته باش.

همه می‌توانند رودابه دیده‌بان را به فارسی یا انگلیسی در گوگل یا اینستا جست‌وجو و به آموزش‌ها دسترسی پیدا کنند.

هر کدوم از ما با یادگیری مهارت‌های ارتباطی و انتقال آن به دیگران می‌تونیم، یک سفیر آگاهی باشیم.

#سفیر_آگاهی_باشیم

به خانوادهٔ سفیران آگاهی خوش آمدی

roodabeh_didehban.ac

مقدمه

آغاز مسیر تغییر در زندگی من

تغییرمسیر در زندگی من از اونجا شروع شد که اتفاقی به یک سمینار رفتم. سمیناری که وقتی از آن خارج شدم، دیگه آن آدم دو ساعت قبل نبودم و دو چیز در من تغییر کرد.

۱. باورم به خودم

۲. نگرشم به زندگی

تصمیم گرفتم تغییراتی در خودم ایجاد کنم، چون متوجه شدم که با تکرار روند قبلی، نتیجهٔ متفاوتی نمی‌گیرم.

تصمیم گرفتم روی مهارت‌هام، توسعهٔ شخصیتی‌ام و باورهام کار کنم.

اون روز استاد بهمن‌خواه در آن سمینار یک سؤال از ما پرسیدند، گفتند: کار را که کرد؟ همه گفتند: آنکه تمام کرد.

ایشون گفتند: «نه! آنکه آگاهانه شروع کرد.»

اینجا بود که من عمیق‌تر متوجه شدم، کسی کار رو خوب تموم می‌کنه که آگاهانه شروع کنه و برای زندگی‌ش هدف‌های روشنی داشته باشه و تصمیم گرفتم آگاهانه‌تر از قبل حرکت کنم.

در کلاس اعتمادبه‌نفس ثبت‌نام و مسیر تازه‌ای رو شروع کردم. مسیر

خودآگاهی، مهارت‌آموزی، تمرین، مسیر ادامه‌تحصیل در رشتهٔ روان‌شناسی، مسیری پر از عشق و آگاهی....

حالا بعداز هشت سال در این کتاب، یک سری از تجربیاتم را با شما به اشتراک می‌ذارم.

مسیر تغییر برای هرکس می‌تونه به یک شکل شروع بشه، برای من این‌طوری بود و شاید برای تو از ورق زدن صفحه‌ای از این کتاب به صفحه بعد باشه.

با من همراه باش.
به خانوادهٔ سفیران آگاهی خوش آمدی.

فصل اول

خودآگاهی و خودشناسی

تعریف خودآگاهی و اینکه چرا به یادگیری آن نیاز داریم؟

یکی از موضوعات پیچیده و طاقت‌فرسای روان‌شناختی خودآگاهی و خودشناسی است. ما برای هرگونه تغییر و رشدی، ابتدا باید خودمان را خوب بشناسیم.

خودآگاهی، دستورالعمل استفاده از خودمان است. ما هر وسیله‌ای را که می‌خریم، کاتالوگ یا دفترچۀ راهنما دارد و خودآگاهی هم راهنمای استفاده از ابعاد وجودی و توانمندی‌های درونی ماست.

خود آگاهی پاسخ به این سه سؤال است:

- من کی هستم؟
- من چی هستم؟
- من برای چه هستم؟

و برای خودآگاهی کافی‌ست ما به این سه مرحله آگاه باشیم که: در فکرم، احساسم چه می‌گذرد و چگونه رفتار می‌کنم.

سیر بروز هر رفتار ما این سه مرحله است:

- فکرم
- احساسم
- رفتارم

چون همیشه، ابتدا فکری از ذهن ما می‌گذره، بعد براثر آن فکر، احساسی به ما دست می‌ده و براساس آن احساس ما رفتار می‌کنیم.

مثلاً در اداره‌ای در صف ایستادیم. بعداز اینکه نوبت ما شد، کارمند کلی با تلفن صحبت می‌کنه و به شلوغی پیش‌خوان توجهی نمی‌کنه. در اینجا اول، فکری برای ما تولید می‌شه که این شخص به زمان وکار ما بی‌توجهی کرده و مراحل آداب و احترام کاری و اجتماعی رو رعایت نکرده؛ دراثر این فکر، احساسی که در ما ایجاد می‌شه، احساس خشمه. خشمگین می‌شیم و براساس این احساس خشم، رفتاری رو انجام می‌دیم که ممکنه از تذکر تا پرخاش متفاوت باشه. باید ببینیم، احساس پشت آن رفتار و فکر پشت آن احساس چی بوده. پس شد سه مرحله. آگاه باشم که در فکرم، احساسم و رفتارم چی می‌گذره؟

رفتار، خروجیِ فکر و احساس ماست.

در ذهن خودمان باید به این سؤال مهم پاسخ بدهیم که: «چی باعث شد

من این‌گونه فکر کنم، این‌گونه احساس و رفتار کنم؟»

بعداز بازبینی و آنالیز خودمان به این سؤال پاسخ می‌دهیم که: «چگونه می‌توانم متفاوت فکر، احساس و درنتیجه چگونه رفتار کنم؟»

تمرین

به این سؤالات پاسخ بده.

معمولاً در چه شرایطی و چه چیزهایی من رو به‌هم می‌ریزه؟
....

کمی مکث و ذهن‌آگاهی را تجربه کنم، سپس رفتار کنم.
....

یکی از نتایج مهم خودآگاهی، خودشناسی است.

خودشناسی یکی از پایه‌های بهداشت روان محسوب می‌شود و هرگونه تصمیم شغلی، تحصیلی، کسب مهارت و فراگیری موضوعات روان‌شناختی و سایر تصمیمات مهم زندگی، براساس شناخت ما از خود شکل می‌گیرد.

کار کردن و ماندن در این مسیر تا فراهم‌سازی وضعیت تغییر در رشد، کار هرکسی نیست. چون کاری نیست که یک‌شبه اتفاق بیفتد. خودشناسی یک فرآیند است که همیشه ادامه دارد. وقتی پا به این مسیر گذاشتیم، به‌طور

مداوم شناخت ما از خودمان بیشتر و بهتر می‌شود و همواره درحال بهبود مستمر هستیم و مسیر رشد همچنان ادامه دارد.

بهت تبریک می‌گم که در مسیر خودشناسی هستی. پیشنهاد من اینه که تمریناتش رو انجام بدی، تا وقتی که به پایان کتاب رسیدی، نتیجه بهتری را دریافت کرده باشی.

این کتاب رو یک بار نه، بلکه چند بار بخون و هربار پاسخ تمرینات رو یادداشت و با هم مقایسه کن.

انواع خود

ما هشت نوع خود داریم.

خودِ فیزیکی	خودِ واقعی	خودِ اجتماعی	خودِ اخلاقی
خودِ هیجانی	خودِ آرمانی	خودِ معنوی	خودِ تاریک

۱. خودِ فیزیکی یا خودِ جسمی:

شناخت و حسی که نسبت به بدن خود داریم. خود فیزیکی در ارتباط با همان زبان بدن ماست. مثل ارتباط چشمی، لمس کردن، حالت چهره، ایما و

اشاره، میزان نزدیکی به دیگران و آهنگ و بلندی صدای ما.

۲. خودِ واقعی:

یا خود اکنون یا خود موجود، که دو بخش دارد:

- بخش اول: خودپنداری یا خودتصوری: آنچه فکر می‌کنیم، هستیم. (خودپنداره)

- بخش دوم: خودتصدیقی، یعنی آنچه در واقع هستیم.

۳. خودِ آرمانی یا خود مطلوب:

چیزی که دوست داریم، آن‌گونه باشیم. هدف‌گذاری می‌کنیم تا به آن دست پیدا کنیم.

۴. خودِ هیجانی:

نحوهٔ بروز احساسات و هیجاناتمان، اینکه در مواجهه با هر موقعیتی چگونه رفتار می‌کنیم و به اتفاقات واکنش نشان می‌دهیم یا پاسخ (پاسخی همراه با صبر و هوشمندانه) می‌دهیم.

واکنش یعنی هیجان‌محور رفتار کردن و پاسخ یعنی منطق‌محور رفتار کردن و رفتار خردمندانه در زمان مناسب.

تمرین

چقدر در لحظات هیجانی خودآگاهی دارید؟
....

شما اگر در موقعیتی که ناگهان عصبانی شوید، چیزی را پرتاب می‌کنید؟
....

یا اندکی صبر می‌کنید و به‌دنبال راه حلی برای مسئله هستید؟
....

۵. خودِ اجتماعی:

آن بخشی از خود که نشان می‌دهد ما چگونه در جمع‌ها و گروه‌های مختلف، ظاهر می‌شویم.

۶. خودِ معنوی:

نشان‌دهندهٔ اعتقادات معنوی ماست. نوع ارتباطی که با خدا داریم.

۷. خودِ اخلاقی:

آنچه به زندگی ما معنا و مفهوم داده و نشان‌دهندهٔ ارزش‌های ماست.

ارزش‌ها، الگوهای رفتاری و چارچوب‌های ما در زندگی هستند که براساس آنها حرکت می‌کنیم. مثلاً صداقت، سخت‌کوشی، احترام، آگاهی، سلامتی که در موقعیت‌های مختلف براساس ارزش‌های ما، در رفتارهای ما بروز پیدا می‌کند.

«ما در کلاس‌های اعتمادبه‌نفس آکادمی‌مون، یک جلسۀ کامل به‌صورت تمرین‌محور، به شناخت ارزش‌ها می‌پردازیم و ارزش‌هایی رو که در زندگی، اولویت ما هستن پیدا می‌کنیم و خودشناسی‌مون عمیق‌تر می‌شه.»

۸. خودِ تاریک:

آن بخشی از وجود ما که رازهای پنهانی ما را تشکیل می‌دهد و انرژی زیادی صرف مخفی نگه داشتن آن می‌کنیم.

الگوی دیگری از خودشناسی هست که دو نفر به نام‌های جو و هری، این الگو را معرفی کرده‌اند و به نام، **الگوی پنجره‌جو/ هری** معروف است.

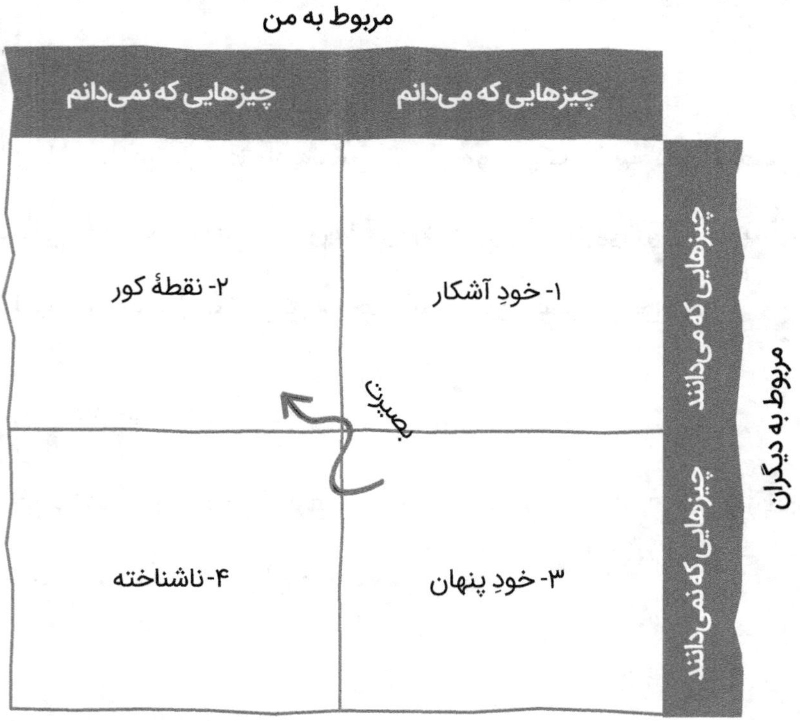

	مربوط به من	
	چیزهایی که می‌دانم	چیزهایی که نمی‌دانم
چیزهایی که می‌دانند	۱- خودِ آشکار	۲- نقطۀ کور
چیزهایی که نمی‌دانند	۳- خودِ پنهان	۴- ناشناخته

(مربوط به دیگران)

۱. خودِ آشکار (یا خودِ معلوم)

جنبه‌ای از وجود ما که هم برای خودمان روشن است، هم برای دیگران که شامل علایق، سلیقه‌ها و رفتارهای ماست.

۲. خودِ کور (نابینا)

قسمتی که برای دیگران شناخته شده است، ولی خودمان به آنها آگاهی نداریم. یعنی ضعف‌هایی از خودمان که ما نسبت به آن‌ها بی‌اطلاع هستیم.

۳. خودِ پنهان

جنبه‌ای از سلف یا خود ماست که ما از آن‌ها آگاه هستیم، ولی برای دیگران ناشناخته است. مثل رازها، افکار و احساسات ما.

۴. خودِ ناشناخته

جنبه‌ای از وجود ما که هم برای خودمان و هم برای دیگران ناشناخته است و با روان‌کاوی می‌توانیم به آن دست پیدا کنیم.

در الگوی پنجره‌جوی هری، خود کور و خود پنهان خیلی پررنگ و بااهمیت هستند.

این الگو به‌طور کامل و تمرین‌محور، همراه با مثال در دوره‌های اعتمادبه‌نفس آکادمی **رودابه دیده‌بان** آموزش داده می‌شه.

تمرین‌های خودارزیابی

از خودت بپرس:

پاسخ‌ها را به‌دقت یادداشت کن.

خودت رو چطور توصیف می‌کنی؟

....

سه ویژگی مهم خودت رو بنویس.

....

حساسیت‌هات رو بنویس.

....

علایقت رو بنویس.

....

از انجام چه کارهایی لذت می‌بری؟

....

از انجام چه کارهایی اذیت می‌شی؟

....

مهم‌ترین استعداد یا مهارتی که داری چیه؟

....

کدام‌یک از این استعدادها یا مهارت‌ها، بیشترین احساس غرور رو به تو می‌ده؟

....

کدام استعداد یا مهارت دیگران، بیشترین تحسین رو در تو برانگیخته می‌کنه؟

....

چه ویژگی‌های جدیدی در خودت ایجاد کنی؟

....

برای رسیدن به آن ویژگی‌ها، چه مهارت‌هایی رو باید بیاموزی؟

....

نقاط ضعف و قوت تو کدامند؟
....

چقدر احساساتت رو می‌شناسی؟
....

اگه از موضوعی ناراحت بشی، چطور برخورد می‌کنی؟

عصبانی می‌شی؟ ....

واکنش نشون می‌دی یا پاسخ؟ ....

قهر می‌کنی؟ ....

رفتارت هیجان‌محوره یا منطق‌محور؟ ....

آیا خردمندانه در موردش صحبت می‌کنی؟ ....

وقتی تنها هستی بیشتر لذت می‌بری یا وقتی در جمع هستی؟
....

بیشتر درون‌گرا هستی یا برون‌گرا؟
....

در تصمیم‌گیری‌هات چقدر تحت‌تأثیر حرف دیگران هستی؟

....

چقدر مستقل، فکر و رفتار می‌کنی؟

....

چقدر احتمال داره حرف دیگران تصمیمت رو تغییر بده؟

....

اگر درکاری اشتباه کنی، چقدر آدم خودسرزنشگری هستی؟

....

خواسته‌هات واهدافت چیه؟

....

چقدر برای رسیدن بهشون تلاش می‌کنی؟

....

چقدر از زمانت رو در حال، گذشته و آینده سپری می‌کنی؟

....

آیا بابت اتفاقات گذشته افکار منفی به سراغت می‌آد و مداوم آن‌ها را مرور می‌کنی یا از آن‌ها گذر کردی؟

....

چقدر ارزش‌ها و باورهات رو می‌شناسی؟

....

بهت تبریک می‌گم که تا این مرحله از مسیر خودشناسی اومدی و تمرین‌ها رو انجام دادی. حالا نسبت به اعمال خودت آگاه‌تری و در مسیر اعتمادبه‌نفس لایهٔ اول را پر کردی. بریم سراغ لایهٔ دوم که عزت‌نفسه.

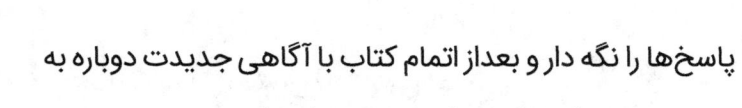

پاسخ‌ها را نگه دار و بعداز اتمام کتاب با آگاهی جدیدت دوباره به اون‌ها پاسخ بده و تغییرات را ببین.

می‌دونم که شگفت‌زده می‌شی

کمی‌صبوری کن و ادامه بده

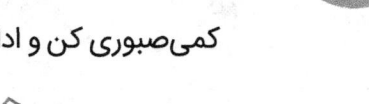

خودآگاهی و خودشناسی

یک فنجون چای یا هر نوشیدنی ای که دوست داری برای خودت بریزو کمی استراحت کن، بعد پرانرژی به فصل بعد سفر کن.

فصل دوم

عزت نفس

عزت‌نفس چیست و چرا برای زندگی بهتر به عزت‌نفس نیاز داریم؟

عزت‌نفس یا حس خودارزشمندی، ارزش و اعتباری است که ما از درون برای خود قائلیم. یعنی من با تمام خصوصیات ظاهری و درونی، با تمام نقاط قوت و ضعفم چقدر خودم را باارزش می‌دانم، می‌پذیریم و دوست دارم.

عزت‌نفس از دو مؤلفهٔ مهم تشکیل شده است:

۱. احساس ارزشمندی

۲. احساس لیاقت و شایستگی

حس لیاقت از عزت‌نفس ساخته می‌شه و مستقیماً با دستاوردهای ما در زندگی مرتبطه. اینکه من چقدر خودم رو لایق چیزهای خوب می‌دونم، سبب حرکت من به جلو و ساخت دستاوردهام می‌شه. یعنی اعتمادبه‌نفسِ حرکت، به‌سمت هدفم رو پیدا می‌کنم و در مسیر موفقیت پیش می‌رم.

عزت‌نفس در زندگی ما مثل ویتامین می‌مونه، اگر به‌اندازهٔ کافی عزت‌نفس نداشته باشیم، خطر مرگ ما رو تهدید نمی‌کنه، ولی کیفیت زندگی‌مون پایین می‌آد. عزت‌نفس یک نیاز روان‌شناختیه. همان‌طور که ما با غذا خوردن به جسم‌مون خوراک می‌دیم با بالا بردن مهارت‌های روان‌شناختی‌مون، روح‌مون رو پرورش می‌دیم و به‌سمت زندگی مطلوب حرکت می‌کنیم.

در واقع عزت‌نفس، برند درونی ماست.

همان‌طور که در دنیای بیرونی، اعتبار ما نزد دیگران، در واقع برند ما (برند بیرونی ما) برای ما مهم است؛ هرکسی هم در خلوت خود برای خودش اعتباری دارد که این اعتبار درونی همان برند درونی ما، یا عزت‌نفس ما است.

کریستوفر مراک در کتاب **عزت‌نفس** می‌گوید: «ما هنوز به نقطه‌ای نرسیدیم که بتونیم تعریف یکسانی از عزت‌نفس داشته باشیم».

اما تعریف کلی عزت‌نفس یعنی:

من ارزشمندم و دیگران هم ارزشمندند و ما هر دو لایق ارزشمندتر شدن هستیم

ازآنجاکه ما آفریدهٔ خداوند هستیم و در پیشگاه خدا لایق ورود به این دنیای خاکی بوده‌ایم و امکان زیستن به ما داده شده است، نشانگر ارزشمندی ما و تمام موجودات است، به‌این‌دلیل لایق تلاش برای رسیدن به ارزش‌های والاتر هستیم.

حالا تصور کنید: انسانی که ارزش واقعی خودش، محیط‌زیست و دیگر موجوداتی که خدا خلق کرده را بداند، در تعاملش با جهان هستی چه‌طور رفتار می‌کند؟ آن را بسنجید با کسی که نه‌تنها برای خودش و ثانیه‌های عمرش، بلکه برای دیگر مخلوقات هم ارزشی قائل نیست!

در واقع عزت‌نفس یک مهارته که ما می‌خواهیم در این مهارت، یاد بگیریم که به ارزش واقعی خودمان و دیگر موجودات پی ببریم و سبک زندگی‌مون از هر لحاظ، براساس این ارزش ساخته بشه تا بتونیم در درجهٔ بهتری از زندگی پیش بریم.

از اهمیت عزت‌نفس بالا شاید همین مقاله و گزارش کافی باشد که: انجمن روان‌شناسی آمریکا، عزت‌نفس بالا رو از ویژگی‌های مهم سلامت روان می‌دونه.

ما سالم‌ترین انسان را انسانی می‌دانیم که دارای سلامت روان باشد. شخصی که سلامت روان دارد در سالم‌ترین ویژگی انسانی خودش زندگی می‌کند و از شاخصه‌های مهم سلامت روان، داشتن عزت‌نفس بالاست.

تعریف سلامت روان از نظر سازمان بهداشت جهانی who

سلامتی به معنای تندرستی جسمانی، روانی، اجتماعی است، نه صرفاً عدم ابتلا به بیماری یا ناتوانی.

اعتمادبه‌نفس
زیباترین لباسی که میتونی بپوشی

کسی در وضعیت سلامت روان به سر می‌بره که:

عملکردش در سطح قابل قبولی از تنظیم عاطفی و رفتاری باشه.

پس ما نمی‌تونیم بگیم که کسی سلامت روان داره، ولی عزت‌نفسش پایینه. قطعاً آسیبی جدی در سلامت روان کسی که عزت‌نفس نداره، شکل می‌گیره.

پس داشتن سلامت روان بالا به انسان‌ها کمک می‌کند تا از بسیاری از بیماری‌های مختلف جسمی و روحی نجات پیدا کنند.

یکی از تأثیرگذارترین افرادی که در زمینهٔ عزت‌نفس کار کرده، آقای ناتانیل برندن هست که می‌گه: عزت‌نفس ما تأثیر مستقیم داره روی:

- طرز کار ما؛
- نحوهٔ برخورد ما با دیگران؛
- میزان پیشرفت ما در زندگی؛
- نحوهٔ ارتباطات ما؛
- دستاوردهای ما؛
- جایگاهی که برای خودمون ساختیم؛
- به‌طورکلی تمام جنبه‌های وجودی ما؛

- آمادگی ما در مقابل چالش‌ها، با عزت‌نفس بیشتر می‌شه؛

این آمادگی‌ها شامل: تاب‌آوری، انعطاف‌پذیری، مهارت حل مسئله و کلاً سرسختی‌های روان‌شناختی ماست.

دوباره برمی‌گردیم به معنای واقعی عزت‌نفس و به این نکته پی می‌بریم که: اگر من خودم رو انسان ارزشمندتری بدونم، حاضر به انجام هر کاری نخواهم بود و شخصیت ارزشمندتری پیدا می‌کنم.

راستی، اصلاً شخصیت چی هست؟

شخصیت، مجموعهٔ صفات نسبتاً پایدار ما انسان‌ها در طول زمان است که نحوهٔ تعامل ما را با محیط و اطرافمان مشخص می‌کند. رفتارهایی که به‌طور معمول و در هر موقعیتی از خود نشان می‌دهیم، حاصل افکار و احساسات ماست.

اینکه چگونه فکر، احساس و رفتار می‌کنیم، نشون می‌ده کی هستیم. حالا دوستان به نظرتون شخصیت مهمه یا آبرو؟

شخصیت یعنی اینکه ما چطور رفتار می‌کنیم، حتی وقتی تنها هستیم. و آبرو یعنی ما در مقابل دیگران چگونه رفتار می‌کنیم.

مثلاً کسی که باشخصیته وقتی خودش تنهاست، آشغالش رو در خیابون نمی‌ریزه، ولی کسی که فقط به آبرو فکر می‌کنه، ممکنه در مقابل دیگران

آشغال روی زمین نریزه، ولی در تنهایی این کار رو انجام بده. پس شخصیت یک امر درونی و آبرو یک امر بیرونیه.

وقتی شخصیت از درون رشد کنه، آبرومندی هم به دنبالش می‌آد.

حالا به نظرتون شخصیت مهم‌تره یا آبرو؟

هرم مازلو:

اگه بخواهم تمام نیازهای انسان‌ها را بررسی و دسته‌بندی کنم، آقای آبراهام مازلو، روان‌شناس امریکایی، به زیبایی این کار را انجام داده و این نیازها را در یک مثلث به تصویر کشیده است.

مازلو در این هرم از بنیادی‌ترین تا بالاترین نیازهای انسان‌ها را دسته‌بندی کرده است.

پلۀ اول ⇦ این هرم نیازهای فیزیولوژیک ماست. یعنی نیاز به بقا و نیاز به آب و غذا برای زنده ماندن.

پلۀ دوم ⇦ نیاز به امنیت است. ما نیاز داریم کنار زنده بودن، امنیت هم داشته باشیم. چراکه امنیت به زنده ماندن ما کمک می‌کند.

اما از پلۀ سوم به بعد، نیازها بالاتر و ارزشمندتر می‌شود.

پلۀ سوم ⇦ نیاز به عشق و تعلق

پلۀ چهارم ← نیاز به احترام

پلۀ پنجم ← نیاز به رشد و خودشکوفایی

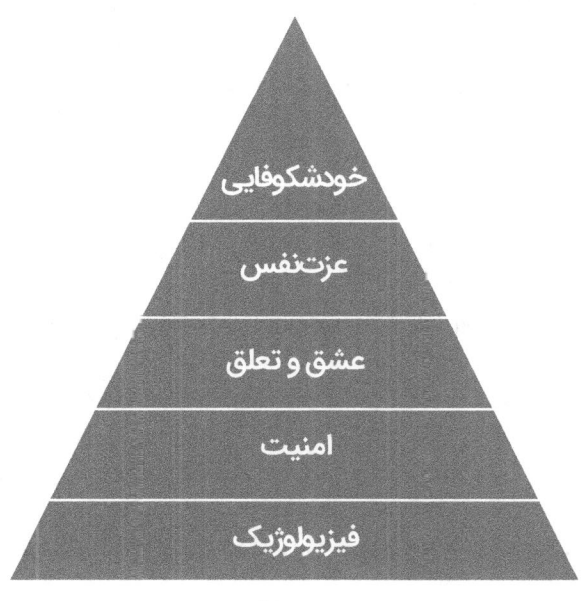

هرم مازلو

از پلۀ سوم به بعد را درنظر بگیرید؛ اگه دقت کنیم رگه‌هایی از عزت‌نفس در پلۀ سوم به بالا دیده می‌شه. تمام این نیازها برای رسیدن به اوج خودشون، نیازمند به ویژگی عزت‌نفس در تمام انسان‌ها هستند.

در واقع اگه من عزت‌نفس نداشته باشم و خودم و خودم رو انسان ارزشمندی ندونم، خودم رو لایق دوست داشته شدن هم، نمی‌دونم.

در این صورت اگه کسی به من ابراز محبت کرد، نمی‌تونم اون محبت رو درست بدونم و خیلی راحت به علاقه‌ش شک می‌کنم. به تمام ابراز محبت‌هایی که از سمت بقیه نسبت به من هست، با دیدهٔ شک نگاه می‌کنم.

اگه کسی به من ابراز محبت کرد، خیلی راحت به خودم می‌گم:

- «یا داره دروغ می‌گه.»

- «یا در مقابلش چیزی از من می‌خواد.»

آدمی‌که عزت‌نفس نداشته باشد، این نیاز اصلی‌اش پاسخ داده نمی‌شود و زندگی پرچالشی خواهد داشت.

پلهٔ چهارم ⇠ نیاز به احترام است.

من اگر به‌طرف مقابلم احترام نگذارم، به خودم احترام نگذاشته‌ام.

یعنی اگه من انسان‌های دیگه رو لایق احترام دیدن و خودم را لایق محترم شمردن ندونم، پس به این نیازم هم پاسخ درستی ندادم.

و در نهایت پلهٔ پنجم ⇠ نیاز به شکوفایی

نیاز به شکوفایی، مستلزم داشتن عزت‌نفس است.

من تا زمانی که تک‌تک ثانیه‌های زندگیم رو، آن هنر، آن استعداد و آن توانایی‌هایی رو که دارم، باارزش ندونم و حس لیاقت نداشته باشم، هیچ‌وقت

به شکوفایی نمی‌رسم.

پس طبقات پایین نیازهای کمبود و طبقات بالاتر نیازهای رشد ما هستند.

- **نیازهای کمبود:** یعنی نیازهای اولیه‌ای که ما برای زنده ماندن به آن‌ها نیاز داریم.

- **نیازهای رشد:** یعنی درست است که اگر نباشند بقاء ما تهدید نمی‌شود، اما کیفیت زندگی ما پایین می‌آید.

ما متأسفانه در دنیای امروز شاهد این هستیم که: چقدر عزت نفس‌مون از بین رفته و خرد شده. حالا یا براساس تربیتی که داشتیم یا براساس آموزش‌هایی که در مدرسه و دانشگاه دیدیم.

عزت‌نفس ما از پایه مشکل نداشته است، بلکه ما عزت‌نفس‌مان رو خرد کرده‌ایم. چه آگاهانه و چه ناآگاهانه!

اگر ما به دنیای اطراف‌مون نگاه کنیم، می‌بینیم که نسبت به صد سال پیش از هر نظر پیشرفت کردیم.

امید به زندگی بیشتر شده.

سطح سلامت و بهداشت بیشتر شده.

تکنولوژی پیشرفت کرده.

ما در کسری از ثانیه می‌تونیم با کسی که فرسنگ‌ها ازمون دوره ارتباط بگیریم و ببینیمش، اما هیچ‌وقت نمی‌تونیم این ادعا رو داشته باشیم که ما انسان‌های این دوران، نسبت به انسان‌های گذشته یعنی پدربزرگ‌ها و مادربزرگ‌هامون، زندگی شادتری داریم و خوشبخت‌تر هستیم.

من اگر از شما بپرسم، خوشبختی را در چه‌چیزی می‌بینید؟

بسیاری از شما می‌گویید:

- پول زیاد

- خانهٔ خوب

- ماشین خوب

- شغل خوب

- همسر خوب

همهٔ این‌ها می‌تواند گوشه‌ای از واژهٔ خوشبختی را پرکند. ولی اگر بخواهیم معنای خیلی عمیق‌تر و واقعی‌تر نسبت به خوشبختی داشته باشیم، می‌بینیم که برای حس واقعی خوشبختی، به یک رضایت درونی نیاز داریم. اینکه من از اعمالم، رفتارم، طرز فکرم، سبک زندگی‌ام، نوع ارتباطاتم، شغلی که دارم، تلاشی که می‌کنم، واقعاً راضی باشم و خدا رو شاکر باشم و از اینکه هستم،

احساس شعف کنم.

این مفهوم خیلی کامل‌تر می‌تونه خوشبختی رو به سرانجام برسونه. وقتی به معنای واقعی خوشبختی پی می‌بریم، می‌بینیم که انطباق زیادی با عزت‌نفس داره و معنای خوشبختی و عزت‌نفس در یک راستا قرار می‌گیرن.

خوشبختی اینه که معنای واقعی زندگیت رو پیدا کنی، ارزش‌هات رو بشناسی، خودت رو بشناسی و خودت رو دوست داشته باشی؛ در عین حال دیگران و محیط اطرافت رو هم دوست داشته باشی و ازشون حس خوبی بگیری.

چگونگی شکل‌گیری عزت‌نفس در انسان:

این مسیر مانند مسیر شکل‌گیری باورها، به تجربیات گذشتهٔ ما و درصدی هم به ژنتیک، برمی‌گردد.

تجربیات دوران کودکی، نحوهٔ رفتار والدین، معلم‌ها، آموزش‌هایی که در مدرسه و اجتماع دیده‌ایم، نحوهٔ تعامل با دوستان و اطرافیان و محیطی که در آن بزرگ شده‌ایم، همه و همه سبب شکل‌گیری عزت‌نفس در ما شده‌اند. اینکه چقدر براثر دریافت این رفتارها، حس ارزشمندی دریافت کرده‌ایم یا از آن دور شده‌ایم، میزان عزت‌نفس، خوددوستی و حس لیاقت یا عدم این احساسات را در ما شکل داده است.

چهار منبع عزت‌نفس از نظر کریستوفر مراک

- پذیرفته شدن Likeability
- زندگی براساس ارزش‌ها Morality
- احساس قدرتمندی Competence
- دستاوردها Achivement

آقای کریستوفر مراک در کتاب عزت‌نفس خود چهار عامل را منابع اساسی عزت‌نفس معرفی کرده است:

۱. پذیرفته شدن

اولین مورد پذیرفته شدن در برابر رد شدن است.

همهٔ ما کم‌وبیش نیاز داریم که توسط دیگران پذیرفته شویم. این نیاز تقریباً در تمام طول عمر ما باقی می‌ماند و یکی از نیازهای وجودی ماست. اگرچه ممکن است معنی و مصداق «دیگران» در ذهن ما تغییر کند.

مثلاً در سنین کودکی، پذیرفته شدن توسط اعضای خانواده و نزدیکان برای ما مهم است. این افراد معمولاً پدر، مادر، خواهر، برادر یا مراقب اصلی که پرستار، پدربزرگ، مادربزرگ یا شخص دیگری است، هستند.

اما در سنین بالاتر پذیرفته شدن توسط دوستان، جامعه، مدرسه، معلمان و پس از آن همکاران، مدیر و جوامع بزرگ‌تر، اهمیت خواهد داشت.

می‌توان حدس زد که در سنین کهن‌سالی نیز، پذیرفته شدن از سوی فرزندان یا نسل جوان برایمان اهمیت پیدا می‌کند.

۲. زندگی براساس ارزش‌ها

دومین مورد: زندگی براساس ارزش‌هاست. اینکه ما چقدر به چهارچوب‌ها و قوانین خودمان در زندگی پایبند هستیم، سبب افزایش یا کاهش عزت‌نفس ما می‌شود.

آیا اصلاً چهارچوب‌های رفتاری برای خودمان تعریف کرده‌ایم؟

ارزش‌ها، الگوها و مدل فکری ما هستند که به زندگی ما شکل و جهت می‌دهند.

آیا ما اصلاً ارزشی برای خود تعریف کرده‌ایم؟ مثلاً ارزش در معنویات، در یادگیری، در صداقت، در رعایت قوانین، در همدلی با انسان‌ها و...

آیا ارزش‌های خود را آگاهانه انتخاب کرده‌ایم یا براساس باورها و مدل خانواده و جامعه، ناخودآگاه یک سری الگوها را، زندگی می‌کنیم؟

اینکه مجموعهٔ ارزش‌های خود را تعریف کنیم و به آنها پایبند باشیم، یعنی نظام ارزشی خود را در زندگی پایه‌گذاری کرده‌ایم. نظام ارزشی مانند یک

دفترچهٔ راهنما در زندگی ماست که در موارد سخت و شرایط بحرانی که قدرت تفکر و تصمیم‌گیری نیازمند تمرکز بیشتری است، به آن دفترچهٔ راهنما یا نظام ارزشی مراجعه می‌کنیم.

تمرین

حالا کمی تفکر کنید.

شما ارزش‌های خود را می‌شناسید؟
....

آیا ارزش‌محور زندگی می‌کنید یا حال‌محور؟
....

ما در نظام ارزشی دو سبک زندگی داریم:

۱. زندگی ارزش‌محور:

زندگی براساس قوانین و همراه با تفکر و خرد.

۲. زندگی حال‌محور:

تصمیم‌گیری بدون پشتوانهٔ ارزشی یا به اصطلاح عامیانه، «هرچه پیش آید، خوش آید!»

آیا مسئولیت و عواقب تصمیم‌های خود را می‌پذیریم یا در لحظه، هیجان‌محور رفتار می‌کنیم و سپس پیامد رفتارمان را توجیه می‌کنیم؟

۳. احساس قدرتمندی درونی

سومین مورد از مدل آقای کریستو مراک احساس قدرتمندی درونی یا احساس توانمندی در انجام کارها یا همان اعتمادبه‌نفس است.

اینکه ما چقدر خودمان را باور داریم که به‌خوبی از عهدهٔ انجام کارها برمی‌آییم و چقدر شجاعت اقدام کردن داریم.

گفتیم که مهارت اعتمادبه‌نفس یا قدرت‌مندی درونی از سه شاخص زیر تشکیل شده است:

- مهارت
- باور به داشتن مهارت
- شجاعت ارائهٔ مهارت

تمرین

باتوجه به این سه فاکتور، از ۱ تا ۱۰ به اعتمادبه‌نفس خود چه نمره‌ای می‌دهید؟

....

دوست دارید به چه درجه‌ای برسید؟

....

برای رسیدن به نقطۀ مطلوب، باید کدام فاکتورها را در خود افزایش دهید؟

....

نتیجۀ دستیابی به اعتمادبه‌نفس ⬅ حس رضایت‌مندی درونی است.

سؤال:

حالا ما این اعتمادبه‌نفس و حس رضایت‌مندی درونی را برای چه می‌خواهیم؟

• اعتمادبه‌نفس ابزاری برای رسیدن به خواسته‌هایمان است. برای حرکت کردن و خلق رؤیاهایمان؛

- اعتمادبه‌نفس کلید دستیابی به زندگی بهتر؛
- اعتمادبه‌نفس تاجی بر سر؛
- اعتمادبه‌نفس یک ابرقدرت؛
- اعتمادبه‌نفس بهترین لباسی که می‌توانی بپوشی.

۴. دستاوردها

آخرین و مهم‌ترین فاکتور از نظر آقای کریستو مراک در مدل چهار عاملی عزت‌نفس، دستاوردهای ما هستند.

اینکه چقدر در زندگی احساس لیاقت و توان‌مندی داشتیم و برای خلق رؤیاهامون اقدام کردیم و چقدر به نتیجهٔ مطلوب رسیدیم؟

ما این‌همه مهارت‌های زیربنایی را برای ساخت دستاورد و زندگی‌ای با کیفیت بهتر لازم داریم. دستاورد فقط نقطهٔ نهایی و نتیجهٔ مطلوبِ کسب مهارت عزت‌نفس است که سبب می‌شود، احساس درونی ما نسبت به خودمان مطلوب‌تر شود.

تمرین

سؤال:

- چقدر از دستاوردهای خود در زندگی راضی هستید؟

....

- از ۰ تا ۱۰ چه نمره‌ای به دستاوردهای خود می‌دهید؟

....

- دوست دارید با عزت‌نفس و حس لیاقت جدید خود، چه اهداف دست‌یافتنی برای خود تعیین کنید؟

....

- برای رسیدن به جایگاه مطلوب ذهنی خود، چه کارهایی را باید انجام دهید؟

....

نشانه‌های عزت‌نفس پایین:

- نیاز به تأیید بیش از حد ازسوی دیگران؛
- نبود توان تصمیم‌گیری و تفکر مستقل در بسیاری از موارد؛
- پذیرفتن نظر دیگران حتی اگر برخلاف خواستهٔ فرد باشد؛
- زودرنجی؛
- نداشتن انتقادپذیری؛
- اجتناب از چالش‌ها به‌دلیل ترس از شکست؛
- دچار شدن به اهمال‌کاری و کمال‌گرایی منفی؛
- نبود مدیریت هیجان؛
- احساس شرم و اضطراب زیاد؛
- نبود حد و حریم و مرزهای مشخص؛
- تصور اینکه دیگران از شما بهترند؛
- نداشتن احساس شایستگی در بسیاری از موارد؛
- بی ارزش شمردن موفقیت‌های خود و نسبت دادن آن‌ها به شانس و ارزشمند شمردن موفقیت‌های دیگران؛

- ازخودگذشتگی افراطی و در اولویت قراردادن کارهای دیگران؛
- گفتگوی درونی منفی و مرور اتفاقات تلخ گذشته؛
- احساس ناامیدی؛
- ترس از داشتن هدف‌های ارزشمند، به‌دلیل نبود احساس لیاقت؛
- شوخی با خود با دیدگاه منفی؛
- خودسرزنشگری؛
- تمرکز روی نقاط منفی و نادیده گرفتن دستاوردهای خود.

راهکارهای بالا بردن عزت‌نفس

یکی دیگر از افرادی که در زمینهٔ عزت‌نفس بسیار کار کرده است، آقای ناتانیل براندن است که در کتاب **روان‌شناسی عزت‌نفس**، پایه‌های مهمی را برای عزت‌نفس معرفی کرده است.

که اگه ما این پایه‌ها را بشناسیم و در خودمون پرورش بدیم، می‌تونیم عزت‌نفسمون رو تقویت کنیم.

✓ **اولین پایه، زندگی آگاهانه است.**

که در بخش اول خودشناسی و خودآگاهی کامل به آن پرداختیم. در آنجا

گفتیم که باید در لحظه به خودمان و عملکردمان آگاه باشیم.

- ما بیشتر کارهامون رو آگاهانه انجام می‌دیم یا ناخودآگاه؟
- چقدر دلیل رفتارها و واکنش‌های ناخودآگاهمون رو می‌دونیم.
- چقدر باورها و ارزش‌هامون رو می‌شناسیم؟ چقدر احساسات‌مون رو می‌شناسیم؟
- گفتیم که افکار و احساسات ما هستند که رفتار ما رو تولید می‌کنند.

✔ **دومین پایه، پذیرش خود هست.**

قدم بعدی در بهبود و رشد رفتاری، پذیرش است. پس وقتی ما خودمان را شناختیم و به رفتارهای خودآگاه و ناخودآگاه خود، آگاه شدیم، با وجود تمام ضعف‌ها و قوت‌ها، خودمان را می‌پذیریم. ما قرار نیست شبیه بقیه باشیم؛ ایده می‌گیریم، ولی تقلید کورکورانه، نه! پذیرش به معنای تأیید رفتارهای نامطلوب ما نیست.

نمی‌شه بگم چون من عادت دارم حقوق دیگران رو زیر پا بذارم، خب همینه که هست و خودم رو می‌پذیرم. نه، یا در مواقع لزوم که نمی‌تونم آرام و منطقی مسائلم رو حل کنم، خشمگین بشم و پرخاش کنم.

پذیرش به این معنیه که حالا که بهشون آگاه شدم، برای بهبودشون تلاش کنم، اینطوری به رشد عزت‌نفسم کمک کردم.

✓ پایۀ بعدی خودباوری است.

ما چقدر باورهایمان را می‌شناسیم؟ چقدر خودمان را باور داریم؟ چقدر باور داریم که لایق ارزشمند شمرده شدن هستیم؟ واقعاً خوددوستی سالم را بلدیم یا فقط ناآگاهانه می‌گوییم، من خودم را دوست دارم؟ چقدر حس لیاقت و شایستگی داریم؟ اصلاً حس لیاقت در ما چطور ساخته می‌شود؟ اصلاً باور چه‌چیزی است؟

باور

باور یک پیش‌نویس ذهنی‌ست. باور، فکر و عادت رفتاری است که زیاد تکرار شده و به‌صورت ناخودآگاه درآمده است.

باور چیزیه که من فکر می‌کنم درسته، اما آیا چیزی که من فکر می‌کنم درسته، واقعاً درسته یا نه؟

حالا باورهای ما چطور شکل می‌گیرند؟

باورهای ما پیش‌نویس‌های ذهنی از قوانین و بایدونبایدهایی هستند که از کودکی به ما یاد داده شده‌اند. چه توسط خانواده، مدرسه، معلمان، دوستان، جامعه و فرهنگی که در آن بزرگ شدیم و چه کلیۀ آموزش‌هایی که از کودکی تا الان دیدیم. همه و همه، باورها و پیش‌نویس‌های ذهنی ما را ساخته‌اند

و حالا ما می‌خواهیم درستی یا نادرستی آن‌ها را با آگاهی امروزمان بررسی کنیم.

شاید نیاز باشه تغییراتی در اون‌ها ایجاد کنیم؟

ما دو نوع باور داریم:

- باور رشددهنده: که باعث به وجود آمدن طرز فکر رشد، در ما می‌شه.
- باور محدودکننده: که باعث طرز فکر ایستا و تکرار روند قبلی به‌طور ناخودآگاه می‌شه.

باورهای رشددهنده

باورهایی هستند که مسیر حرکت روبه‌جلو را برای ما هموار می‌کنند. باعث می‌شوند ما از خودمان بپرسیم که چطور می‌شود راه‌حل مسئله و مسیر رسیدن به هدف را پیدا کرد و باعث رشد خلاقیت، ایجاد انگیزه و حرکت به‌سوی هدف شد.

باورهای محدودکننده

باورهایی هستند که در زندگی، ما را متوقف می‌کنند. مثل بسیاری از باورهایی که از نیاکان ما به ما رسیده است و ما بدون فکر آن‌ها را پذیرفته‌ایم و براساس آن‌ها حرکت کرده‌ایم.

مثلاً چی؟

- فلانی از اول اعتمادبه‌نفس داشته. من که ندارم، دیگه چه‌کار می‌شه کرد؟ ما این‌طوری هستیم.

- اون‌ها شانس دارن، از اول در خانوادهٔ ثروتمندی به دنیا اومدن، پس من نمی‌تونم به اندازهٔ اون‌ها پیشرفت کنم.

- اگه فلان رشتهٔ دانشگاهی قبول نشی دیگه تمام، رنگ خوشبختی رو نمی‌بینی!

- راه موفقیت برای آقایون هموارتره، خانم‌ها مناسب فلان رشته و شغل نیستند، پس موفقیت برای ما خانم‌ها نیست، پس شروع نمی‌کنم.

و بسیاری از این مدل باورها که باید بازنگری‌شون کنیم تا بتونیم رشدشون بدیم. حالا باور رشددهندهٔ سؤالات قبل چی می‌شه؟

- درسته که اعتمادبه‌نفس فلان شخص، فلان همکار، فلان هم‌کلاسی از من بیشتره، ولی من که تا الان روی اعتمادبه‌نفسم کار نکردم، چه‌کار کنم که بتونم رشدش بدم؟

- من هم شانس‌های زندگی خودم را می‌سازم. چه‌طور می‌تونم تغییر مثبت ایجاد کنم؟

- علاقه و توانایی من در این رشته‌ست. چطور می‌تونم با علایق و توانایی‌های خودم، متفاوت و خلاقانه عمل کنم و جایگاه خودم رو بسازم؟

- چرا خانم‌ها مناسب فلان شغل نیستند؟

شاید چون از اول این‌طوری شنیدیم و این طرز فکر به ما القا شده، تلاشی برای شروع نکردیم. درنتیجه اون‌ها بیشتر در این زمینه وارد جامعه شدن و بیشتر در این مسیر تلاش کردن، پس بهتر هم نتیجه گرفتن. من هم شروع می‌کنم، نتیجه خودش، به سمتم می‌آد.

- هر چیزی راهی داره.

- راهش رو پیدا می‌کنم.

- چطور می‌تونم انجامش بدم؟

تمرین

چند تا از باورهای محدودکننده‌ای رو که تا حالا باهاشون زندگی کردی، بنویس. شاید نیاز باشه بازنگری‌شون کنی و در اون‌ها تغییر ایجاد کنی.

....

....

حالا با طرز فکر رشددهنده اون‌ها رو بازنگری کن.

دوباره بنویس:

....

....

....

....

پس الان باورهات رو بهتر شناختی، بهت تبریک می‌گم! تا اینجای مسیر اومدی و تمرینات رو انجام دادی. از این به بعد طرز فکرت رو براساس باورهای رشددهنده تنظیم می‌کنی. درسته که ادامه دادن روند قبلی آسون‌تره و از ما انرژی کمتری می‌گیره، ولی همیشه یه سؤال از خودمان بپرسیم: «کار درست یا کار آسون؟» «کدوم کار رو انجام بدم، نتیجه می‌گیرم؟»

حالا که باور را شناخته‌ایم و خودباوری را در خودمان تقویت کرده‌ایم می‌رسیم به:

- ساختن حس شایستگی و لیاقت

- من چقدر خودم را لایق چیزهای خوب می‌دانم؟

- در رسیدن به جایگاه شغلی و زندگی‌ای که دوست دارم چقدر حس لیاقت می‌کنم؟
- آیا شایستگی رسیدن به نتایجی که فلان شخص داشته را دارم؟
- او چه مسیری را رفته؟
- راه درست را رفته یا راه آسان؟

خودم را با امروز آن شخص مقایسه نمی‌کنم بلکه با پنج سال قبل یا ده سال قبل آن شخص مقایسه می‌کنم. زمانی که تازه شروع کرده بود. مسیر موفقیتش را شناسایی می‌کنم، از آن الگو و ایده می‌گیرم و تلاش می‌کنم.

حالا که خودم رو شناختم و باورهام رو رشد دادم، حس لیاقت در من بیشتر شده پس اهداف ارزشمندتری برای خودم می‌ذارم، چون الان دیگه احساس می‌کنم شایستگیش رو دارم.

پس انگیزه‌م بالاتر می‌ره و شروع می‌کنم، اراده می‌کنم و ادامه می‌دم. راستی انگیزه چی هست؟

انگیزه

نیروی پیش‌برندهٔ ما به جلو و به‌سمت اهداف‌مان است. در واقع انگیزه موتور حرکتی ماست و برای شروع لازم است.

حالا اراده چیه؟

استمرار در انجام کاری تا رسیدن به نتیجهٔ مطلوب. اراده همان تعهدی است که در مسیر رسیدن به اهداف‌مان داریم.

این رو یکی‌از اساتیدم، استاد پیام بهرام‌پور، به‌زیبایی بیان کرده:

«امروز کارهایی انجام می‌دهم که دیگران حاضر نیستند، انجام دهند؛ تا فردا کارهایی انجام دهم که دیگران قادر نسیتند، انجام دهند.»

من که هروقت در مسیر، انگیزه‌م پایین می‌آد و می‌خوام اهمال‌کاری کنم، این جمله‌ها را با خودم تکرار می‌کنم.

پس ما برای شروع به انگیزه و برای ادامهٔ مسیر به اراده، تعهد، نظم و استمرار نیاز داریم. مجموعهٔ این‌ها می‌شود، دیسیپلین یا انضباط شخصی.

حالا دیسیپلین چی هست؟

دیسیپلین یعنی انجام کار درست، در زمان مناسب.

یعنی متعهد بودن به نظم و روتین‌های شخصی که در مسیر رسیدن به هدفمون لازمه و براشون برنامه‌ریزی کردیم. یعنی پایبندی به برنامه‌مون، حتی وقتی حوصله نداریم.

یعنی انجام کار درست، نه آسان.

حالا که حس لیاقت را هم در خودت ساخته‌ای، می‌رسیم به لایۀ بعدی در ساخت عزت‌نفس خود، یعنی مسئولیت‌پذیری.

مسئولیت‌پذیری

به این معنی است که من در مقابل رفتارها، تصمیم‌ها و عملکرد خودم و نتایج آن در آینده مسئول هستم.

وقتی برای خود ارزش قائل شویم، به تصمیماتی که در لحظه‌لحظۀ زندگی می‌گیریم، آگاه هستیم و پیامد بد کارها را بر عهدۀ فلان شخص، فلان همکار، پدر و مادر، فرزند، جامعه و عوامل این‌چنینی نمی‌گذاریم.

ازاین‌رو مسئولیت‌پذیری بیانگر این است که به‌جای مقصر دانستن دیگران، بر روی مشکلات وقت بگذاریم، تمرکز کنیم و به‌دنبال دلایل درونی و راه‌حل منطقی برای اتفاقات پیش‌آمده باشیم.

چگونه می‌توانیم مسئولیت‌پذیری نسبت به خود را تقویت کنیم؟

ما دو طرز فکر داریم:

- طرز فکر قربانی: که همیشه مسئولیت‌گریز است و همیشه نتایج نامطلوب کارها را به دیگران، جامعه و شرایط نسبت می‌دهد.

• طرز فکر برنده: که در زندگی‌اش مسئولیت نتایج را بر عهده می‌گیرد.

به‌طور مداوم درحال بررسی و اصلاح نتایج خود است و همیشه در زندگی، روند رشد و بهبود مستمر را سپری می‌کند.

رشد یعنی حرکت از خود موجود به خود مطلوب که شخصیت برنده با عزت‌نفس بالا، مسئولیت طی کردن این فاصله را می‌پذیرد.

به‌طور مداوم درحال اجرای فرمول پنج مرحله‌ای بهبود مستمر است.

۱. آموزش دیدن

۲. برنامه‌ریزی

۳. اقدام

۴. آنالیز

۵. ترمیم

این چرخه همچنان ادامه دارد و افراد با طرز فکر برنده یا رشد، به‌طور مداوم رفتارهای خود را ارزیابی و آنالیز می‌کنند، بهبود می‌بخشند و دیگر بار قوی‌تر دست به اقدام می‌زند و همیشه این گفت‌وگوها را با خود دارند.

پس هرگاه مشکل پیش آمد بر خود مسلط باشم و از خود بپرسم: در هنگام بروز مشکل با همین شرایط موجود، چه کاری از دستم برمی‌آید؟

مسئولیت رفتارهایم را بپذیرم و از به کار بردن جملات این‌چنینی بپرهیزم.

- او مرا مجبور کرد.

- اگر من جای او بودم طور دیگری رفتار می‌کردم.

هرگز فراموش نکنیم که هیچ‌کس جز خودمان، مسئول خوشحال کردن ما نیست. پدر، مادر، دوست، همسر و فرزند خوب است که باشند، ولی خوشحالی واقعی بین من، خدا و اهدافم است.

همیشه با توکل بر خدا دلیلی برای شاد بودن پیدا کنیم.

لایهٔ بعدی، شجاعت ابراز وجود

یعنی بتوانم به‌طور سالم خودم را تعریف و ابراز کنم. به زبان ساده یعنی، بتوانم نظر و خواسته‌ام را سالم، محترمانه، منصفانه، قاطعانه و بدون خجالت بیان کنم. بتوانم نظرم را در جمع به زبان آورم. در مورد سلایق، علایق و خواسته‌هایم صحبت کنم و حقم را درخواست کنم، بدون اینکه حقوق دیگران را نادیده بگیرم.

یعنی هم حق‌وحقوق من و هم حق‌وحقوق دیگران حفظ بشه. در این دیدگاه اعتقاد فرد بر اینه که هم من ارزشمندم، هم دیگران. هم خواسته‌های من مهمه هم خواسته‌های دیگران.

در این میان باید به تعادل رسید، به‌طوری که حقی از کسی تضعیف نشود. جرئت ابرازوجود، سبب رضایت درونی از خود می‌شود که یکی دیگر از لایه‌های عزت‌نفس است. در فصل بعد که دربارۀ اعتمادبه‌نفس رفتاری است، در مورد چهار سبک ارتباطی که سالم‌ترین آن‌ها سبک مقتدرانه است، صحبت می‌کنیم و می‌گوییم که گذر از سه سبک اول و رسیدن به لایۀ سالم آخر، نیازمند یادگیری مهارت ابرازوجود است.

راهکار: سعی کنید خودتان باشید. اگر در محل کار مدیرتان، همکاران‌تان یا در میهمانی دوستان‌تان نظر مخالف شما را دارند، از بیان نظر خود شرم نکنید و به‌راحتی و با احترام نظر خود را بیان کنید. نترسید از اینکه نظر شما با دیگران (اکثریت جمع) متفاوت باشد. زمانی که خودتان را ابراز می‌کنید، رفتاری در جهت ارزش‌هایتان دارید. اینجاست که حس رضایت از خود را تقویت کرده‌اید.

اصلاً ارزش‌ها چه هستند؟ آیا ارزش‌های خود را به‌طور کامل می‌شناسیم؟ آیا به‌طور کامل و بدون خجالت، براساس باورها و ارزش‌های خود رفتار می‌کنیم؟

ارزش‌ها:

چارچوب‌های ذهنی و قوانین زندگی ما هستند. راه و روشی که برای خود

برگزیده‌ایم و براساس آنها حرکت می‌کنیم.

ارزش‌ها به زندگی ما شکل و جهت می‌دهند. ارزش از جنس ویژگی و نگرش است. از جنس فکر و رفتار، از جنس اعتقاد و باور، از جنس معیار؛ معیارهای درونی و اصول اخلاقی‌ای که برای خود مشخص کرده‌ایم و همیشه در زندگی، به آن پایبندیم.

این‌طور نیست که وقتی به سود ما هستند رعایت کنیم و زمانی که به منفعت ما نیستند، رعایت نکنیم.

داشتن ارزش‌های مشخص در زندگی، به ما در رسیدن به اقتدار درونی کمک می‌کند و سبب می‌شود در تمام فراز و نشیب‌های زندگی با اعتماد کامل حرکت کنیم.

«وقتی ارزش‌های خود را مشخص کنیم، از قضاوت دیگران هراسی نداریم و بدون احساس ضعف و خجالت تصمیمی را خواهیم گرفت که خودمان می‌خواهیم؛ و در نهایت مهارت ابرازوجود سالم، پیدا می‌کنیم.»

ما در کلاس‌ها و دوره‌های اعتمادبه‌نفس آکادمی رودابه دیده‌بان یک جلسه را کامل و تمرین‌محور به شناخت ارزش‌ها، پیدا کردن ارزش‌ها و اولویت‌های ارزشی در زندگی خود، می‌پردازیم.

تاکنون چقدر ارزش‌محور زندگی کردیم؟ چقدر ارزش‌های خود را شناختیم؟

به‌طور مثال، آیا می‌دانستیم کدام‌یک از مواردی مانند سلامتی، صداقت، پیشرفت، ثروت، معنویات، کمک به دیگران، آرامش و... اولیت ارزشی ما هستند؟ و چرا آنها را به‌عنوان ارزش‌های خود انتخاب کرده‌ایم؟

خبر خوب اینکه، مشخص کردن ارزش‌ها و اولویت‌بندی آن‌ها برای ما نظام ارزشی می‌سازد و در موقعیت‌های مختلف، انتخاب‌های رفتاری و تصمیم‌گیری‌های ما را ساده می‌سازد.

ارزش‌های ما از طریق رفتارهای ما نمایان می‌شود؛ به‌خصوص رفتارهایی که در موقعیت‌های خاص، بحرانی و تحت فشار از خود نشان می‌دهیم.

در زمان‌هایی که همهٔ شرایط مطابق میل ما پیش می‌رود، همه به خوبی رفتار می‌کنند. تفاوت شخصیت انسان‌ها در سخت‌ترین شرایط و هنگام عصبانیت و بحران مشخص می‌شود. اینکه در آن موقعیت چه رفتارهایی از خود نشان می‌دهند، نشان‌دهندهٔ نظام ارزشی و زیربنای شخصیتی آن‌هاست. بنابراین، مهم نیست که ما اظهار می‌کنیم چگونه فکر می‌کنیم، چه آرمان‌هایی داریم و چه قصد و نیتی داریم؛ مهم رفتاری است که ما انجام می‌دهیم.

در واقع رفتارهای ما، فکر و احساس واقعی پشت آن رفتار را نمایان می‌کنند.

اینکه چگونه رفتارکنیم، مشخص می‌کند که ما چه کسی هستیم و چگونه فکر می‌کنیم. هرچیزی که به آن فکر می‌کنیم به بخشی از فرآیند ذهنی ما

تبدیل شده و تأثیرش در رفتار ما نمایان خواهد شد. پس لازم شد ارزش‌های خود را بررسی و بازنگری کنیم.

به افکارتان آن‌گونه که می‌خواهید باشید، جهت دهید. ولی بیشتر مردم این کار را اشتباه انجام می‌دهند و بر موضوعاتی تمرکز و فکر می‌کنند که نمی‌خواهند برایشان پیش بیاید.

به شما تبریک می‌گم که تا اینجای کتاب با من همراه بودین و لایه‌های عزت‌نفس رو شناختین و از مفهوم ارزش‌ها اطلاع پیدا کردین. اگه مایل به بازنگری ارزش‌ها و اطلاع بیشتر از لیست ارزش‌ها هستین، می‌تونین سؤالات خودتون رو در دایرکت پیج به آدرس زیر بپرسین:

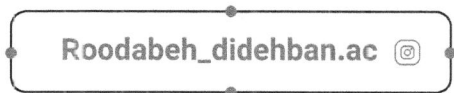

Roodabeh_didehban.ac

اگه براتون مفید بود با استوری کردن بخشی از مطالب یا جلد کتاب و منشن کردن من سهمی در انتشار آگاهی داشته باشین و به حال خوب و کیفیت بهتر زندگی افراد کمک کنین.

#سفیر_آگاهی_باشیم

زندگی هدف‌مند

لایهٔ بعدی برای پر کردن عزت‌نفس، زندگی هدف‌مند است. حالا که لایه‌های قبل را پله‌پله سپری کرده‌ایم، زندگی آگاهانه را یاد گرفته‌ایم، پس از خودشناسی به پذیرش خود رسیده‌ایم، با شناخت باور و ساخت باورهای رشددهنده به خودباوری رسیده‌ایم، حس لیاقت را در خود پرورش داده‌ایم، ارزش‌های خود را شناخته‌ایم و خواسته‌ایم که ارزش‌محور زندگی کنیم؛ می‌رسیم به هدف‌گذاری براساس شناخت جدید از خودمان آن هم براساس ارزش‌ها و حس شایستگی جدید و شخصیت رشدیافتهٔ کنونی.

اصلاً هدف چه هست و چرا باید در زندگی هدف داشته باشیم؟

فرق هدف، رؤیا، آرزو و چشم‌انداز چیست؟

رؤیا یا آرزو چیست؟

یک موقعیت ایدئال در ذهن ماست. جایی، مکانی یا چیزی که می‌خواهیم به آنجا برسیم. البته تا وقتی که برای آن برنامه‌ریزی نکرده‌ایم و قدمی برای آن برنداشته‌ایم؛ چون زمانی که برایش برنامه‌ریزی کنیم و قدم‌به‌قدم به‌سمتش حرکت کنیم، تبدیل می‌شود به هدف و وقتی بهش رسیدیم تبدیل می‌شه به دستاورد.

حالا چشم‌انداز چیه؟ چشم‌انداز چیزیه که من در ذهنم می‌بینم، برای وقتی

که به هدفم رسیدم. تصور نتایج من در ذهنم، پس از دستیابی به اهدافم.

در واقع چشم‌انداز تصور دستاوردها در ذهن است.

همه‌چیز از یه رؤیا شروع می‌شه. داشتن رؤیا هزینه‌ای نداره، ولی حرکت به‌سمت رؤیا هزینه داره. وقت، زمان، انرژی، استمرار و هزینه‌های مادی، هزینه‌های راه رسیدن به هدفه.

همهٔ مردم رؤیا دارند، ولی در دستیابی به رؤیا و رسیدن به هدف انسان‌ها به شش دسته تقسیم می‌شوند.

۱. دستهٔ اول: آن دسته‌ای هستند که رؤیا را فقط در ذهن‌شان دارند و حاضر نیستند برای رسیدن به آن، کاری انجام دهند.

۲. دستهٔ دوم: کسانی هستند که رؤیا دارند، ولی منتظرند یک نفر بیاید و به تحقق رؤیاهایشان کمک کند.

۳. دستهٔ سوم: در جهت رسیدن به رؤیا هدف‌گذاری می‌کنند، اما مدام می‌گویند از فلان موقع یا از شنبه شروع می‌کنم اگر چنین‌وچنان شد، آن‌وقت شروع خواهم کرد.

۴. دستهٔ چهارم: افرادی هستند که در مسیر اهداف‌شان، شروع به حرکت می‌کنند و در چالش‌های مسیر تا جایی هم پیش می‌روند. اما در برخورد با مشکلات در جایی قبل‌از انتهای مسیر، متوقف می‌شوند.

۵. دستهٔ پنجم: کسانی هستند که تا انتهای مسیر با نظم و اراده حرکت می‌کنند و کار را تمام می‌کنند و دستاورد می‌سازند. آنها افرادی هستند که به خودشکوفایی می‌رسند.

۶. دستهٔ ششم: کسانی هستند که تمام مسیرهای قبل را رفته‌اند و باعث رشد و تغییر در دیگران می‌شوند و به دیگر انسان‌ها در مسیر رسیدن به خودشکوفایی کمک می‌کنند و تأثیر گذارند. این افراد پر از تجربه‌اند و مسیر رسیدن به هدف را برای دیگران کوتاه می‌کنند.

خدا را شاکرم که این افتخار را نصیبم کرد و توانستم در مسیر عشق، آگاهی و حال خوب به دانشجویانم و افراد زیادی خدمت کنم و سفیر آگاهی و حال خوب برای مردم سرزمینم و دیگر فارسی‌زبانان جهان باشم.

ممنون که در این مسیر همراهم هستی.

بهت تبریک می‌گم که به این درجه از عزت‌نفس رسیدی و لایه‌ها را پر کردی و ارزش خودت را شناختی و حالا خودت رو لایق هدف‌های بالاتر و دستیابی به زندگی با کیفیت‌تری می‌دونی.

پس با آگاهی جدیدت، هدف‌های جدید برای خودت بذار.

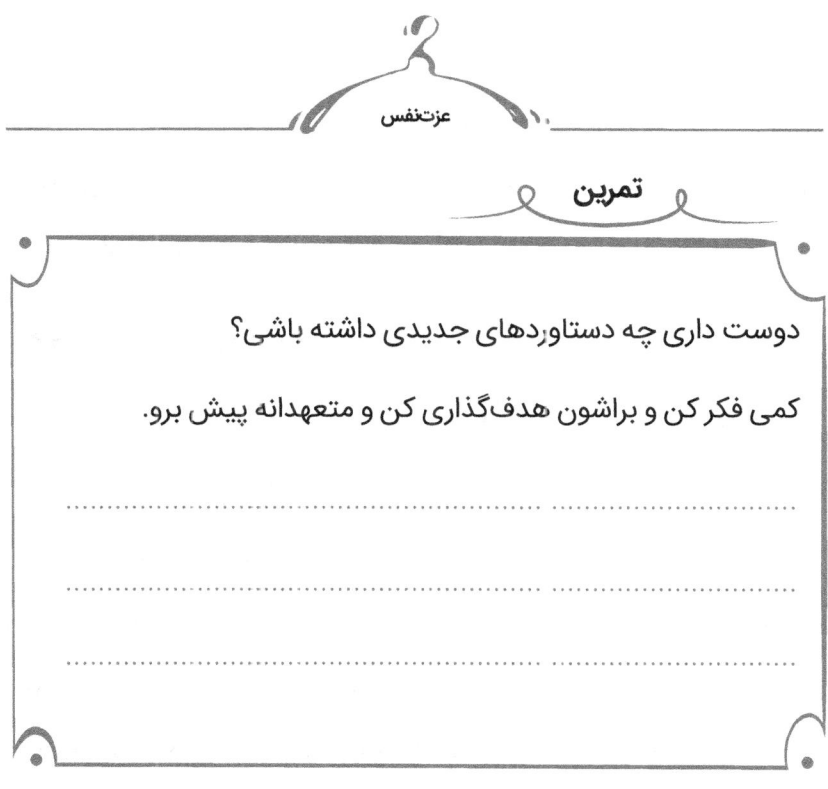

تمرین

دوست داری چه دستاوردهای جدیدی داشته باشی؟

کمی فکر کن و براشون هدف‌گذاری کن و متعهدانه پیش برو.

....

....

....

لایهٔ بعدی: خودکارآمدی است.

حالا که تا اینجا آمده‌ای، یعنی خودت را لایق هدف‌های بزرگ‌تر و زندگی با کیفیت‌تر و ارزش‌محورتر دانسته‌ای، به پتانسیل درونی بیشتری از خودت دست پیدا کرده‌ای و به خودکارآمدی رسیده‌ای.

خودکارآمدی: یعنی باور داشته باشیم که در شرایط مختلف می‌توانیم مسائل زندگی را حل کنیم و برای پیشامدهای ناگوار و ناگهانی هم راه‌حل مناسب، در زمان مناسب پیدا کنیم.

حالا می‌خواهیم باز هم عزت‌نفس خود را تقویت کنیم و نسبت به خود شفقت داشته باشیم.

خودشفقت‌ورزی چیست؟

یکی از فاکتورهای عزت‌نفس میزان احساس شفقت و مهربانی‌ای است که نسبت به خودمان داریم.

وقتی نسبت به خود احساس شفقت می‌کنیم، یعنی خود را درک می‌کنیم و می‌پذیریم. پذیرش، سخت‌ترین قست مهربانی به خود است. به این معنی که چه آن احساس، یا فقدان یا رویداد را دوست داشته باشیم چه نداشته باشیم، می‌پذیریم که این‌گونه است. یعنی قبول کردن واقعیت بدون هیچ‌گونه قضاوتی.

به بیان دیگر یعنی اینکه چه واقعیت مورد پسندمان باشد و چه نباشد، آن را می‌پذیریم. مثلاً رابطهٔ عاطفی مورد علاقه یا عزیزی را از دست داده‌ام، این اتفاق مطلوب من نیست، ولی می‌دانم که باید آن را و همچنین احساسات حاصل از آن را بپذیرم؛ بنابراین با احساسم مبارزه نمی‌کنم، با خود وارد جنگ، چانه‌زنی و گفت‌وگوی درونی منفی نمی‌شوم، به احساسات ناخوشایندم اجازهٔ بروز می‌دهم، آن‌ها را می‌پذیرم و بابت آن‌ها سوگواری می‌کنم تا از این مرحله عبور کنم. واقعیت را سرکوب یا انکار نمی‌کنم که گم‌گشته و گیج‌تر از قبل شوم.

و اگر اشتباهی کنیم خودمان را می‌بخشیم و به خود فرصت جبران می‌دهیم و انتظارات معقولی از خود داریم، اهداف قابل دستیابی برای خود تعیین می‌کنیم و خود را اساساً خوب و کافی می‌دانیم.

تمرین

حالا که برای اینکه بدانی نسبت به خود چقدر شفقت داری، به این سوالات پاسخ بده:

....

هنگام گفت‌وگو با خود، در کنار خودتان هستید یا در مقابل خودتان؟

....

تصور کنید، دوست‌تان داستانی شخصی در مورد اشتباه خودش برای شما تعریف می‌کند.

....

مثلاً در اثر بی‌دقتی تصادف کرده یا به‌خاطر کار مهمی دیر به جلسۀ مصاحبه رسیده و آن فرصت شغلی را از دست داده و آمده تا با شما صحبت کند و نیاز به همدلی دارد.

شما در جواب به او چه می‌گویید؟

....

حالا تصور کنید اگر خودتان آن اشتباه را انجام می‌دادید در مورد خود چگونه رفتار می‌کردید؟

....

به خودتان چه می‌گفتید؟

....

گفت‌وگوی درونی شما با خود چگونه بود؟

....

چقدر با خود مهربان هستید؟

....

از ۰ تا ۱۰ به شفقت و مهربانی نسبت به خود، چه نمره‌ای می‌دهید؟

....

حالا که تا حدی به آن آگاه شده‌اید، چه تصمیمی دارید؟

....

آیا این روند را ادامه می‌دهید یا سعی می‌کنید با خود مهربان‌تر باشید؟

....

پس در این مورد هم، عزت‌نفست را بساز و بالاتر ببر.

شفقت صفتی تغییرناپذیر نیست. در واقع شفقت یک مهارت است که می‌شود آن را به دست آورد یا افزایشش داد.

شفقت سه مؤلفه دارد:

- درک

- پذیرش

- بخشش

پس، از این به بعد خودت را بیشتر درک کن. اشتباهاتت را بپذیر، خودت را ببخش و به خودت فرصت دوباره بده. هردفعه کمی بهتر انجامش بده. در این فرصت دوباره رشد خواهی کرد.

و حالا که مهربانی با خود را یادگرفته‌ای، خودمراقبتی را هم تمرین کن.

خودمراقبتی چیست؟

اکنون که این مسیر را سپری و لایه‌لایه‌های عزت‌نفس را در خودت پر کرده‌ای، به خودت بگو:

من خودم را ملاقات کرده‌ام و حالا می‌خواهم از خودم به‌شدت مراقبت کنم؛ حداقل به همان شدتی که از آدم‌های دیگر زندگی‌ام مراقبت کرده‌ام.

- خودم را تنها نمی‌گذارم.
- خودم را نادیده نمی‌گیرم.
- دوباره خودم را گم نمی‌کنم.

خودمراقبتی شامل این موارد است: تمرین‌های ذهن‌آگاهی، رسیدگی به سلامت جسمی و روانی، داشتن زمان مناسب برای کار، تفریح، خواب با کیفیت، استفاده از غذای سالم، دور بودن از استرس، حذف یا کم‌رنگ کردن آدم‌های سمی زندگی خود، داشتن زمان شخصی یا (me time) با کیفیت، ورزش، مدیتیشن یا تفکر عمیق، نوشتن افکار، اهداف و برنامه‌های شخصی و رسیدگی به خود.

خودمراقبتی در سه بخش افکار، جسم و روان باید انجام شود.

بهت تبریک می‌گم؛ الان تمام راهکارهای بالا بردن عزت‌نفس را می‌شناسی و با انجام تمرین‌ها و با به‌کارگیری دانسته‌هات به‌مرور، لایه‌های عزت‌نفست رو پر و پرتر می‌کنی.

به این می‌گن رشد و بهبود مستمر.

در فصل اول گفتیم که چند تا «خود» داریم و رشد یعنی حرکت از خود موجود به خود مطلوب. خودآرمانی یعنی آن خودی که می‌خواهیم باشیم.

فکر می‌کنی در دستیابی به عزت‌نفس چقدر به خود مطلوبت نزدیک‌تر شدی؟

بهت تبریک می‌گم.

نشانه‌های عزت‌نفس سالم

- زندگی آگاهانه.

- درک و پذیرش خود و رسیدن به حس ارزشمندی و خوددوستی سالم.

- قابلیت دیدن نقاط ضعف و قوت خود، پذیرش و اصلاح آن‌ها.

- خودباوری.

- داشتن حس لیاقت، توانمندی و شایستگی.

- مسئولیت‌پذیری.

- توانایی ابراز نیازهای خود در موقعیت‌های مختلف.

- داشتن مهارت ابرازوجود سالم و رفتار مقتدرانه.

- داشتن حد و حریم و استانداردهای شخصی.

- زندگی ارزش‌محور و خردمندانه.

- داشتن اهداف واقعی و دست‌یافتنی.

- خودکارآمدی.

- سرزنش نکردن خود.
- خودشفقت‌ورزی
- خودمراقبتی

مدل هشت‌بعدی عزت‌نفس

MSEI

PWR تأثیرگذاری	LKE پذیرفتنی بودن	LVE دوست‌داشتنی بودن	CMP توانمندی
BNF عملکرد بدنی	BAP رضایت از بدن و چهره	MOR پایبندی به ارزش‌ها	SFC خودکنترلی

در این مدل نظر بر این است که ما درصورتی در زندگی احساس ارزشمندی خواهیم داشت که در این هشت‌بعد از خود رضایت داشته باشیم.

با مطالعهٔ این مدل می‌توانیم علت نداشتن رضایت را در بخش‌های کوچک‌تری از خود جست‌وجو کنیم و یا در آن بخش خود را بهبود دهیم، یا اگر در دایرهٔ کنترل ما نیست با رشد در دیگر ابعاد، کم‌رنگ بودن در یک بعد

را پوشش دهیم.

۱.توانمندی CMP (Competence)

همان اعتمادبه‌نفس ماست که میزان باور ما به خودمان را در انجام کارها و کسب نتیجهٔ قابل قبول، بیان می‌کند.

میزان توانمندی ما در اقدام کردن و ارائه دادن مهارت‌هایمان.

باور به اینکه چقدر احساس توانمندی دارم و می‌توانم یک مهارت جدید را در خودم ایجاد کنم یا مهارت‌های قدیمی را به‌خوبی ارائه دهم.

۲. دوست داشتنی بودن LVE (Love ability)

اینکه در بین اطرافیانم، نزدیکانم، دوستان و خانواده‌ام، چقدر مورد محبت قرار گرفته‌ام و چقدر مرا دوست دارند؛ و این دوست داشتن ازسوی آنان چقدر به حس رضایت درونی من و ساخت عزت‌نفسم کمک کرده است.

حالا وضعیتی را تصور کنید که ما در این بعد کمی ضعف داریم. قسمتی از عزت‌نفس که در دایرهٔ کنترل ما نیست و به دوست داشته شدن از سمت اطرافیان مربوط است و این محبت را به‌اندازهٔ کافی به ما نداده‌اند.

حالا باید چه کار کنیم؟

یا تلاش کنیم دوستان یا ارتباطات صمیمی و نزدیکی برای خود بسازیم

و با دوستان هم‌عقیده و هم‌هدف که مورد توجه و تأیید همدیگر هستیم، معاشرت کنیم و این خلاء را برای خود کم‌رنگ‌تر کنیم.

یا با مستقل شدن و یادگیری مهارت‌های ارتباط مؤثر و بحث نکردن با عزیزان‌مان، ارتباط و آسیب حاصل از ارتباط با آن‌ها را به حداقل برسانیم و وقت خود را با علایق خود و اهداف خود سپری کنیم.

پس یا ارتباطات نزدیک‌تری برای خود می‌سازیم یا با رشد در ابعاد دیگر، میزان تأثیر این بعد را در عزت‌نفسمان کم‌رنگ‌تر می‌کنیم.

۳. پذیرفتنی بودن (LKE (Like ability

چقدر در میان جمع دوستان، اجتماع و محیط‌های کاری مورد پذیرش واقع می‌شویم؟

در جمع‌های جدید چقدر توان برقراری ارتباط داریم؟

از نظر دیگران چه‌طور به‌نظر می‌رسیم؟

چه مهارت‌هایی بیاموزیم و چگونه رفتار کنیم تا بتوانیم ارتباط بهتری برقرار کنیم؟

همینطور بیشتر پذیرفته شویم و در این بُعد از عزت‌نفس هم رشد کنیم؟

می‌توانیم با تقویت مهارت‌های نرم و رعایت آداب حرفه‌ای هرکار و مهارت

ارتباط مؤثر، میزان پذیرفتنی بودن خود در جمع‌ها را رشد دهیم.

همینطور با تقویت ابعاد دیگر عزت‌نفس، میزان تأثیر یک بعد در حس رضایت درونی را به حداقل برسانیم.

۴. تأثیرگذاری(PWR (Personal Power

چقدر با ایده‌ها، افکار و سبک زندگی‌ام بر دیگران تأثیر می‌گذارم؟

چقدر افکار و رفتارم مورد قبول دیگران هست؟

آیا می‌توانم در زندگی و حال خوب دیگران تأثیر مثبت داشته باشم؟

چقدر دوستان، اطرافیان یا به واسطهٔ شغل‌مان، افراد ناآشنا باورمان دارند و پیشنهادهای ما در تصمیم‌ها و زندگی آن‌ها راهگشاست؟

بعضی از افراد به واسطهٔ شغل‌شان نیاز دارند در این بعد قوی‌تر باشند. مثل وکلا، روان‌شناسان، مشاوران، استادان، معلمان.

ولی به‌عنوان یک فرد، یک شهروند، یک عضو خانواده، یک دوست، چقدر اطرافیان ما را باور دارند و از سبک زندگی ما الگو می‌گیرند؟

تأثیرگذاری یکی از مواردی است که حس ارزشمندی درونی در ما ایجاد می‌کند. هرکدام از ما با یادگیری مهارت‌های زندگی و انتقال آن به دیگران می‌توانیم یک #سفیر_آگاهی_باشیم.

در همین لحظه تا چه اندازه مایلی بر زندگی دیگران تأثیرگذار باشی و درحال خوب آنها سهمی داشته باشی؟

اگه تو هم مایل به تأثیرگذاری هستی، همین الان با استوری کردن بخشی از مطالب این کتاب یا یک نکته یا جمله‌ای که به نظرت مفید بود یا تصویر جلد کتاب می‌تونی یک تأثیر مثبت ایجاد کنی و انسان‌های بیشتری رو به آگاهی دعوت کنی تا از آموزش‌های رایگان پیج استفاده و رشد کنند.

و اگه دوست داری خوندن این کتاب رو بهشون پیشنهاد بده یا برای مناسبت‌ها می‌تونی یک جلد از این کتاب رو برای داشتن یک حال خوب و آگاهی بهشون هدیه بدی.

راستی من رو هم منشن کن که هم انرژی بگیرم و هم پیجت رو ببینم و بیشتر باهات آشنا بشم.

اگه سؤال بیشتری هم داشتی بهم دایرکت بده. اونجا هم کنارت هستم.

roodabeh_didehban.ac 📷

اعتمادبه‌نفس واقعی اینجاست

#سفیر_آگاهی_باشید

۵ـ خودکنترلی SPC (Self Control)

تعریف خودکنترلی یا خویشتن‌داری یعنی:

رفتاری جهت غلبه بر وسوسه یا هوسی برای تکمیل آن هدف موردنظر.

مثلاً برای رسیدن به هدف سلامتی و تناسب‌اندام می‌خواهیم رژیم بگیریم، چقدر می‌توانیم در مقابل وسوسهٔ غذا خود را کنترل کنیم؟

برای کسب نمرهٔ خوب و موفقیت در امتحان، چقدر حاضریم به خوشی‌های لحظه‌ای نه بگوییم؟

خویشتن‌داری یکی از مؤلفه‌های والای شخصیتی در تربیت و عزت‌نفس شناخته شده است. خودکنترلی در عزت‌نفس با مفهوم مسئولیت‌پذیری و وظیفه‌شناسی هم‌راستا است.

اینکه چقدر توانایی داریم برای کسب لذت‌های بزرگ‌تر و ماندگارتر به خوشی‌های کوچک لحظه‌ای نه بگوییم، مفهوم این جملات است:

امروز کارهایی انجام می‌دهم که دیگران حاضر نیستند انجام دهند، تا فردا کارهایی انجام دهم که دیگران قادر نیستند انجام دهند.

۶. پایبندی به ارزش‌ها MOR (Morality)

پایبندی به ارزش همان رعایت اصول اخلاقی، چارچوب‌ها و قوانین ما در

زندگی است.

ما هرچقدر براساس ارزش‌ها و باورهای درونی خود عمل کنیم، رضایت درونی بیشتری داریم و حال‌مان بهتر است.

مثلاً کسی که ارزش او در زندگی صداقت است، در محیط کار یا در شرایط اجبار مجبور می‌شود به دروغ چیزی را به کسی بگوید و طرف مقابل را متقاعد کند، چون مجبور بوده برخلاف ارزش‌های درونی خود رفتار کند.

قطعاً پس از آن احساس عذاب‌وجدان و نارضایتی درونی را تجربه خواهد کرد و عزت‌نفسش پایین خواهد آمد؛ نسبت به کسی که صداقت جزء ارزش‌هایش نیست، خیلی راحت دروغ می‌گوید و خلاف واقعیت داستان‌پردازی می‌کند. این فرد برای پوشاندن دروغ‌های قبلی، مجبور است دروغ جدید بگوید و سناریوی جدیدی بچیند.

این فرد به اندازهٔ شخص اول حس نارضایتی و آسیب عزت‌نفس را تجربه نمی‌کند، چون برخلاف ارزش‌های خود رفتار نکرده است. همیشه انسان‌ها با ارزش‌های ارزشمند زندگی نمی‌کنند. برای برخی زندگی کردن در ضدارزش‌ها، ارزش و سبک زندگی تلقی می‌شود.

قطعاً در جامعه با این افراد برخورد داشته‌اید. چرا این افراد حال‌شان بد نمی‌شود و به‌راحتی به دروغ گفتن ادامه می‌دهند؟

کسانی که صداقت جزء ارزش‌هایشان نیست و صداقت در دایرهٔ اصول و قوانین اخلاقیشان تعریف نشده یا برایشان کمرنگ است، مشکلی با این کار ندارند و چون خلاف ارزش‌هایشان رفتار نمی‌کنند، حالشان هم بد نمی شود.

ولی افراد گروه اول که برخلاف قوانین و ارزش‌هایشان مجبور شده‌اند تحت شرایطی خلاف واقعیت را بیان کنند، چون مطابق ارزش‌های خود زندگی نکرده‌اند، حال درونی بدی را تجربه می‌کنند و عزت‌نفس‌شان آسیب می‌بینند.

مثلاً فردی نوع پوشش خاصی جزء ارزش‌ها و اعتقاداتش است، اگر برخلاف آن رفتار کند، اذیت می‌شود.

ولی دیگری در پوشش، تفکرات متفاوتی دارد و یا در انتخاب خود مانند گروه یا فرقهٔ خاصی ظاهرش را انتخاب می‌کند، چون انتخاب خودش بوده با آن مشکلی ندارد.

ولی اگر گروه اول را مجبور کنیم مانند گروه دوم که اعتقادات فلان تیم یا فلان گروه را قبول ندارند لباس بپوشد، چون برخلاف ارزش‌های خود رفتار کرده‌اند، عزت‌نفس‌شان آسیب می‌بیند و حس خوبی ندارند.

برای رشد در این بُعد از عزت‌نفس باید یاد بگیریم همیشه در بیان نظرات، عقاید و انتخاب‌های خود سبک ارتباطی جرئت‌مندانه را انتخاب کنیم.

قرار نیست به‌خاطر هم‌رنگ جماعت شدن و پذیرفته شدن، از بیان نظرات

خود خجالت بکشیم و برخلاف میل‌مان مثل آنها رفتار کنیم.

البته به عقاید دیگران و تفاوت‌های فردی هم احترام می‌گذاریم و هرکس باید آزادانه قدرت انتخاب، قدرت نه گفتن و قدرت بیان نظراتش را داشته باشد.

سبک خود را زندگی کنیم، به سبک زندگی دیگران هم احترام بگذاریم، ولی قرار نیست از روی تعارف مثل دیگری رفتار کنیم یا در موقعیت یا جمع خاصی اعتقادات و پوشش آن‌ها را زندگی کنیم.

نظر ما و دیگران هر دو ارزشمند است. نظر و سلیقهٔ کسی به دیگری برتری ندارد.

۷. رضایت از بدن و چهره (BAP (Body appearance

یکی دیگر از ابعاد عزت‌نفس، خوددوستی و رضایت درونی مربوط به میزان رضایت‌مندی ما از چهره و بدن ماست.

ما در این بُعد از عزت‌نفس خود، کمتر انتخاب‌گر هستیم.

برخی از این فاکتورهای ظاهری ما ژنتیکی و برخی دیگر تحت کنترل ما است.

به‌طور کلی ما در انتخاب ویژگی‌های ژنتیکی مثل چهره، رنگ پوست، رنگ

مو، رنگ چشم، قد، فرم کلی اندام دخالتی نداریم و این بُعد از عزت‌نفس کمتر در دایرۀ کنترل ماست، ولی تاحدی هم با توجه به سبک زندگی، تغذیه، ورزش، می‌توانیم در تناسب‌اندام و سلامتی خود دخیل باشیم، ولی نمی‌توانیم به‌طور مثال قد خود را کوتاه‌تر یا بلندتر انتخاب کنیم، یا رنگ پوست خود را عوض کنیم؛ اما با خودمراقبتی می‌توانیم بهترین خودمان را بسازیم. پوست سالم، بدن سالم، نوع پوشش و اینکه چگونه به‌نظر برسیم، در آراستگی ملایم در چهره، انتخاب مدل مو و لباس تأثیرگذار هستیم.

امروزه با توجه به عمل‌های جراحی زیبایی تاحدی می‌توانیم در بخش‌هایی از بدن یا چهرۀ خود که رضایت‌مندی کمتری از آن داریم، تغییر ایجاد کنیم. ولی به‌طور معقول و منطقی، نه افراط و زیاده‌روی. تغییر چهره و عمل زیبایی چه در صورت، چه در اندام نباید در حدی باشد که سلامتی ما به خطر بیفتد.

اگر ما در بخشی از چهره مشکل خاصی داشتیم به‌طور معمول می‌توانیم آن را بهبود دهیم. مثلاً شخصی دندان‌های به‌هم‌ریخته دارد و نیاز صورتش ارتودنسی است، شخص دیگر نیاز به عمل بینی دارد، دیگری بابت لک و جوش صورت خود نیاز به درمان دارد.

قرار نیست با مقایسۀ افراطی خود با استانداردهای غیرواقعی که رسانه به ما تحمیل کرده، دچار کاهش عزت‌نفس شده و در پی کسب رضایت و تأیید بیرونی، در همۀ ابعاد چهره و اندام خود تغییر ایجاد کنیم.

اعتماد‌به‌نفس
زیباترین لباسی که می‌تونی بپوشی

انجام این عمل‌ها درحد معمول مغایرتی با عزت‌نفس ندارد. به‌طور کلی گفتیم که در عزت‌نفس و خوددوستی سالم، من خودم را با هر شکل ظاهر، ضعف و قوتی که دارم می‌پذیرم، از خودم ناراضی نیستم و بهبود دادن خودم در بعضی زمینه‌ها پذیرفتنی است و باعث افزایش خوددوستی و خودپذیری من می‌شود؛ اما اینکه مدام خود را با مدل‌ها، تبلیغات، رسانه، ظاهر افراد در شبکه‌های مجازی مقایسه کنم و به‌طور مداوم حس ناکافی بودن داشته باشم و در پی کسب رضایت دائماً از این عمل به آن عمل، از این دکتر به آن دکتر، از این سالن زیبایی به آن کلینیک در پی تغییر کلی خودم بروم تاجایی‌که به سلامت جسمانی و روانی خود آسیب وارد کنم، یعنی ضعف شدید در عزت‌نفس دارم.

امروزه بسیاری از انتخاب‌های ما براساس هویت و ارزش‌های درونی ما شکل نگرفته است. تبلیغات رسانه‌ها، مد و فضای مجازی این باور را در ما ایجاد می‌کند که کافی نیستیم. باید بدانیم و آگاه باشیم که باورهای ما از کجا شکل گرفته و آیا در پی تأیید بیرونی از سوی دیگران هستیم یا در پی کسب رضایت درونی از خود. زیبایی و جذابیت درونی با افزایش آگاهی، مهارت و نوع تعامل ما با دیگران و آراستگی و پاکیزگی، رعایت آداب، **پرورش افکار سالم و رشد فردی** اتفاق می‌افتد.

درصورتی‌که رسیدگی به خود تنها در جنبهٔ ظاهری و بیرونی باشد، یعنی با

کمبود شدید عزت‌نفس مواجه و نیازمند تأیید بیرونی هستیم. هویت خود را قبول نداریم و محتوای افکار ما محتوای ارزشمندی نیست.

البته که حد متعادل جذابیت بیرونی و درونی در کنار هم نشان از تعادل و عزت‌نفس و خوددوستی سالم است.

سؤال: انتخاب شما کدام است؟

- جذابیت درونی؟
- جذابیت بیرونی؟
- تعادل هر دو؟

۸. عملکرد بدنی (Body Function) BFN

- اینکه چقدر احساس سلامتی جسمانی داریم؟
- چقدر از سبک زندگی سالم برخورداریم؟
- ساعت‌های باکیفیت خواب و تغذیۀ ما چگونه است؟
- چقدر ورزش می‌کنیم؟
- چقدر از عملکرد بدنی خود رضایت داریم؟
- احساس سلامتی جسمانی، در ما حس رضایت درونی و ارزشمندی

بیشتری ایجاد می‌کند.

- چقدر به سلامت پوست، مو، مراقبت بدنی، معاینهٔ سلامتی، بررسی سلامت دهان و دندان و کلاً مراقبت از جسم خود می‌پردازیم؟

- با خودمراقبتی، چه جسمی و چه روانی، حس رضایت و ارزشمندی در ما افزایش پیدا می‌کند.

- هرچه عزت‌نفس ما رشد کند، اهمیت همهٔ ابعاد برای ما پررنگ‌تر خواهد شد و پیوسته مراقب همهٔ ابعاد و درنتیجه شاهد یک رشد کلی در عزت‌نفس خواهیم بود.

فصل سوم

اعتماد به نفس

اعتمادبه‌نفس

اعتمادبه‌نفس چیست و چرا باید اعتمادبه‌نفس داشته باشیم؟

اعتمادبه‌نفس اعتماد به توانایی خودمان در انجام کارهاست. این که پیش‌بینی می‌کنیم چقدر از عهدۀ کارها برخواهیم آمد. آیا با وجود ترس‌ها و احتمال شکست باز هم اقدام می‌کنیم؟

اینجا دو مدل اعتمادبه‌نفس داریم:

۱. اعتمادبه‌نفس در انجام کارهای قدیم:

کارهایی که در آنها مهارت داریم و قبلاً آن کارها را انجام داده‌ایم و مهارت انجام آن کار را آموخته‌ایم.

۲. اعتمادبه‌نفس در انجام کارهای جدید:

چقدر به توانایی‌های خود در یادگیری و کسب مهارت و انجام کار با نتیجۀ قابل قبول باور داریم.

اعتمادبه‌نفس پایهٔ موفقیت در همهٔ زمینه‌های زندگی است. چیزی که هر روز و هر لحظه به آن نیاز داریم و با داشتن و ساختن آن در خودمان، حس عمیق رضایت درونی را تجربه خواهیم کرد.

اعتمادبه‌نفس واقعی دارای سه بخش است.

۱- مهارت

۲- باور

۳- شجاعت

ما ابتدا باید در انجام کاری مهارت کسب کنیم، سپس می‌توانیم بگوییم که اعتمادبه‌نفس انجام فلان کار را داریم. در غیر این صورت اعتمادبه‌نفس ما دروغین یا کاذب خواهد بود. پس از کسب مهارت باید به خود و توانایی‌هایمان باور داشته باشیم. که می‌توانیم با این مقدار توانایی که داریم، اقدام به انجام فلان کار کنیم و نتیجهٔ رضایت‌بخشی کسب کنیم.

اگر ما مهارت بالایی داشته باشیم، اما خودمان را باور نداشته باشیم به پلهٔ سوم که شجاعت هست نمی‌رسیم.

تاکنون بارها پیش آمده است که افرادی را دیده‌ایم که در انجام کاری مهارتی کمتر از ما داشته‌اند، ولی فقط شجاعت ارائهٔ آن مهارت نصفه و نیمه را داشته‌اند و در موقعیت‌های مختلف از ما جلوتر رفته‌اند. بعد ما با خودمان

گفته‌ایم، اِه... من که بیشتر می‌دانستم... نظرم را نگفتم... ایده‌ام را دست‌کم گرفتم و اجرا نکردم... گفتم بذار تا بعد... بگذار کاملش می‌کنم بعد ارائه‌اش می‌دهم...

چه تفاوتی بوده بین ما که مهارت بیشتری داشتیم با شخصی که مهارت کمتر ولی شجاعت ارائهٔ بیشتری داشته؟

یک چیز... فقط باور! باور به توانمندی، یک باور مثبت به خود، حس لیاقت و شایستگی، باور عمیق قلبی که من می‌توانم. این باور از کجا نشئت گرفته؟

از عزت‌نفس سالم که در فصل قبل به لایه‌لایه‌های آن اشاره کرده‌ایم. اینکه چگونه باورهای رشددهنده برای خود بسازیم. چگونه حس لیاقت و شایستگی را در خود پرورش دهیم و به خوددوستی سالم برسیم و دچار خودکم‌بینی نباشیم، ایده‌ها و مهارت‌های دیگران را برتر از خود و تنها آنها را لایق پیشرفت ندانیم.

گفتیم که عزت‌نفس سالم یعنی هم من ارزشمندم، هم دیگران و هر دو لایق دوست داشته شدن، پیشرفت و زندگی بهتر هستیم. پس در اینجا متوجه شدیم که علاوه‌بر مهارت، باور به داشتن مهارت هم سبب رفتن به پلهٔ بعد، یعنی شجاعت ارائهٔ مهارت می‌شود.

ما هرقدر مهارت داشته باشیم تا شجاعت ارائهٔ آن را نداشته باشیم و اقدام

نکنیم، نتیجه نمی‌گیریم و این فاصله فقط با باور به خود پر می‌شود.

مطالعات نشان داده: تنها یک تفاوت هست بین کسانی که در یک مسابقهٔ جهانی قهرمان می‌شوند با کسانی که فقط تمرینات را انجام می‌دهند و آن چیزی نیست جز اعتمادبه‌نفس. باور به توانمندی‌ها و شجاعت ارائهٔ آن‌ها.

تمام دستاوردهای بشر و هرآنچه تاکنون در این دنیا ساخته شده، حاصل اعتمادبه‌نفس عده‌ای از انسان‌ها بوده است. انسان‌هایی که اعتمادبه‌نفس ارائهٔ توانمندی‌هایشان را داشته‌اند.

به این مسیر خوش اومدی

اعتمادبه‌نفس یک مهارت و قابل یادگیریه. هروقت یادگیری اون رو شروع کنیم دیر نیست و می‌تونیم ازش نتیجه بگیریم.

اینجا هستیم تا با هم پس از طی کردن پله‌های خودآگاهی و خودشناسی و پر کردن لایه‌لایه‌های عزت‌نفس، سفر اعتمادبه‌نفس را ادامه بدهیم.

تمریناتش رو انجام بدیم و لذت بعدش رو تجربه کنیم.

بعداز اعتمادبه‌نفس زندگی یه‌جور دیگه است.

اما تفاوت اعتمادبه‌نفس با غرور چیه؟

- اعتمادبه‌نفس احساس توانمندی در انجام کارها و اقدام است و غرور:

ماسک اعتمادبه‌نفس برای پوشاندن نبود اعتمادبه‌نفس و عزت‌نفس در انسان‌هاست. اعتمادبه‌نفس یعنی من ارزشمندم تو هم ارزشمندی، غرور یعنی من خوبم... تو بدی...، یعنی نگاه از بالا به پایین، یعنی فخرفروشی، یعنی ارزشمندی من به‌تنهایی از نگاه خودم.

- اعتمادبه‌نفس کاذب سروصداش زیاده، من این هستم، من آن هستم، خانودهٔ ما این‌جور و اون‌جور و از این قبیل صحبت‌ها که برای همه‌مون آشناست.

- اعتمادبه‌نفس کاذب همراه با غروره و اعتمادبه‌نفس سالم همراه با رشد در سکوت اتفاق می‌افته. موفقیت خودش سروصدا به پا می‌کنه. به‌طوری که صداش به تمام دنیا می‌رسه.

- اعتمادبه‌نفس سالم در رفتار، منش و سبک زندگی آدم‌ها مشخصه، لازم نیست به‌طور مداوم آن را به زبان بیارن، بلکه آن را زندگی می‌کنن.

- اعتمادبه‌نفس واقعی یک سبک زندگیه، سبکی در مسیر رشد و آگاهی...

- اعتمادبه‌نفس سالم یک ابرقدرته.

- اعتمادبه‌نفس زیباترین لباسیه که می‌تونیم بپوشیم و زیباترین رفتاریه که می‌تونیم داشته باشیم.

- اعتمادبه‌نفس یک مهارته که ما را با زیباترین نسخه از وجودمون روبه‌رو

می‌کنه.

ما دو دسته مهارت داریم:

- مهارت‌های سخت/ Hard skill
- مهارت‌های نرم / Soft skill

مهارت‌های سخت: مثل یادگیری یک حرفه، شغل یا تخصص خاص. مثلاً نرم‌افزا، مهندسی، پزشکی، وکالت، خیاطی، نجاری، روان‌شناسی و هر مهارت یا حرفهٔ دیگری که ما دانش آن را می‌آموزیم.

مهارت‌های نرم: یعنی مهارت‌های فردی، مهارت‌های ارتباطی، مهارت‌های زندگی، طرز فکر، توانایی یک فرد برای قبول مسئولیت در یک حرفه، کار تیمی، توانایی برقراری ارتباط به‌طور مؤثر با دیگران، مناسب بودن برای یک پست مدیریتی، اینکه یک مدیر چگونه با همکارانش تعامل می‌کند.

این که یک روان‌شناس چقدر در مهارت گوش دادن فعال یا همدلی قوی عمل می‌کند.

مهارت‌های نرم، چگونگی ارائهٔ مهارت‌های سخت ما را مشخص می‌کند. مثلاً در روان‌شناسی دانشی که داریم مهارت سخت ماست و توان همدلی و گوش دادن و نحوهٔ کمک به دیگران و مراجعه‌کننده مهارت نرم ماست.

اعتمادبه‌نفس

در گذشتۀ نه‌چندان دور شاید کسانی که یک مهارت یا حرفه را بلد بودند با همان مهارت سخت شروع به کار می‌کردند و به مسیر موفقیت نزدیک می‌شدند.

ولی امروزه کسانی موفق‌ترند که علاوه‌بر مهارت‌های سخت، مهارت‌های نرم را هم در خود پرورش داده باشند.

قطعاً یک روان‌شناس، یک وکیل، یک فروشنده، یک آرایشگر وقتی مهارت نرم بیشتری بلد باشند، ارتباط بهتری را رقم می‌زنند و درآمد و دستاورد بیشتری هم کسب می‌کنند.

اعتمادبه‌نفس هم یکی از مهم‌ترین مهارت‌های نرم است. ما هرچقدر در مهارت سخت قوی باشیم تا اعتمادبه‌نفس ارائه و استفاده از آن مهارت‌ها را نداشته باشیم، به نتیجۀ مطلوب نمی‌رسیم. پس اعتمادبه‌نفس یک مهارت نرم در ارائۀ توانمندی‌ها است.

گفتیم که فقط یک تفاوت هست میان کسانی که در یک مسابقۀ جهانی قهرمان می‌شوند با کسانی که فقط تمرینات را انجام می‌دهند و آن چیزی نیست، جز اعتمادبه‌نفس.

آنچه بین ما و رؤیاهامون فاصله انداخته چیزی نیست فقط اعتمادبه‌نفسه...

اعتمادبه‌نفس

- اعتمادبه‌نفس پایهٔ موفقیت در همهٔ زمینه‌های زندگیه.
- اعتمادبه‌نفس کلید دستیابی به آینده‌ای روشن.
- اعتمادبه‌نفس تاجی است بر سر.
- اعتمادبه‌نفس یک ابرقدرت.
- اعتمادبه‌نفس زیباترین لباسی که می‌تونی بپوشی.

اعتمادبه‌نفس در ارتباط:

ما به‌طور کلی چهار نوع ارتباط داریم:

۱. ارتباط با خود

۲. ارتباط با خدا

۳. ارتباط با دیگران

۴. ارتباط با محیط

به نظر شما کدام‌یک از این چهار ارتباط مهم‌تر است؟

قطعاً تا ما ارتباط خوبی با خودمان نداشته باشیم، نمی‌توانیم از داشته‌هایمان لذت ببریم و شکرگذار نعمت‌هایی باشیم که خداوند به ما ارزانی داشته است

و تا شکرگذار نباشیم نمی‌توانیم از داشته‌هایمان بهترین بهره را ببریم؛ درنتیجه نمی‌توانیم ارتباط خوبی با دیگر انسان‌ها، دیگر موجودات و محیط برقرار کنیم. ارتباط ما با خودمان همان میزان رضایت‌مندی درونی ما و عزت‌نفس ماست و ارتباط دوم ارتباط معنوی ماست. کسی که در لایۀ سالم عزت‌نفس قرار گرفته، هم خود و هم دیگران را ارزشمند می‌شمارد و می‌تواند ارتباط مؤثر بهتری با دیگر انسان‌ها و کل جهان هستی برقرار کند. پس زیربنای هر چهار ارتباط بازمی‌گردد به مفهوم ارتباط با خود و عزت‌نفس.

ما در ارتباط با دیگر انسان‌ها چهار سبک ارتباطی داریم:

۱. سبک ارتباطی منفعل

۲. سبک ارتباطی پرخاشگر

۳. سبک ارتباطی منفعل پرخاشگر

۴. سبک ارتباطی جرئت‌مند یا مقتدرانه

اینکه سبک‌های ارتباطی را بدانیم و به تفاوت‌های فردی انسان‌ها آگاه باشیم و این تفاوت‌ها را بپذیریم، در درک و برقراری ارتباط مؤثر به ما کمک خواهد کرد.

سبک‌های ارتباطی معمولاً تایپ شخصیتی فرد را نشان می‌دهد.

ما انسان‌ها دارای تفاوت‌های فردی و تایپ‌های شخصیتی مختلفی

هستیم. به تعداد رنگ پوست، نژاد و چهره‌های انسان‌ها، در جزئیات رفتار و شخصیت آن‌ها تفاوت وجود دارد. ولی به‌طور کلی همه از یکی‌از این چهار سبک ارتباطی استفاده می‌کنند.

سبک ارتباطی منفعل:

افراد منفعل، معمولاً تمایل به فروتنی دارند. آنها فاقد عزت‌نفس هستند و می‌ترسند که اگر با کسی چالش کنند، آن فرد خشمگین و از آن‌ها متنفر شود. آنها با صدای آرامی ارتباط برقرار می‌کنند، از تماس چشمی پرهیز می‌کنند و از رفتار کلی آن‌ها این‌گونه برداشت می‌شود که از چالش دوری می‌کنند. مثلاً فردی را در نظر بگیرید که مطابق نوبت خود در صفی ایستاده، عجله هم دارد و باید بلافاصله پس‌از انجام این کار به یک قرار مهم برسد؛ حال افرادی مدام در صف جلو می‌زنند و فرد درحالی‌که خشمگین می‌شود و این احتمال را می‌دهد که به قرار بعدی نرسد، فقط به افراد نگاه می‌کند و شانه‌هایش را بالا می‌اندازد و عکس‌العمل خاصی نشان نمی‌دهد. در اینجا اوست که ضرر می‌کند.

به این، رفتار منفعلانه می‌گویند. که فرد حق دیگران را بر خود مقدم می‌داند و اعتمادبه‌نفس انجام رفتاری که لازم است را ندارد.

سبک ارتباطی پرخاشگر:

درست نقطۀ مقابل گروه اول هستند. آن‌ها احساس می‌کنند به هر قیمتی که شده باید راه خودشان را بروند.

آن‌ها به آسانی عصبانی می‌شوند و در برابر اطرافیان‌شان قلدری می‌کنند. سبک ارتباطی آن‌ها پرسروصدا و مواجهه‌ای است.

این‌ها افرادی هستند که در صف بدون رعایت نوبت جلو می‌زنند، اما اگر کسی از آن‌ها جلو بزند دادوبیداد راه می‌اندازند و با پرخاش می‌گویند، برو ته صف!

آن‌ها تنها خود را ارزشمند و صاحب حق می‌دانند و رعایت حق‌وحقوق و احترام دیگران برایشان اهمیتی ندارد.

سبک ارتباطی منفعل پرخاشگر:

این افراد مسئولیت رویدادهای زندگی‌شان را نمی‌پذیرند، غالباً از رعایت قوانین طفره می‌روند، به‌طور کارآمد کار نمی‌کنند، سپس دیگران را به‌خاطر سرنوشت‌شان مقصر می‌دانند.

ارتباط آن‌ها به‌طور غیرمستقیم خشم را نشان می‌دهد، اما قصد آن‌ها می‌تواند سرزنش دیگران باشد.

در بیان خواسته‌هایشان صداقت و شفافیت ندارند و معمولاً در بیان منظور خود از دروغ‌گویی استفاده می‌کنند.

مثلاً برخلاف میل باطنی در میهمانی حضور پیدا می‌کنند، چون قدرت نه گفتن ندارند یا در برخورد با رسم‌ورسوم و فامیل فکر می‌کنند، اگر حضور پیدا نکنند صورت خوشی ندارد؛ ولی در میهمانی از کنایه و طعنه در گفت‌وگو استفاده می‌کنند و پس از خروج از آن موقعیت، در مورد دیگران بدگویی می‌کنند و به این صورت منفعلانه خشم خود را نشان می‌دهند و به‌طور شفاف علت ناراحتی خود را بیان نمی‌کنند.

سبک ارتباطی جرئت‌مندانه (مهارت ابراز وجود سالم):

و اما سبک ارتباطی آخر که سالم‌ترین نوع ارتباط است و ما در عزت‌نفس سالم و آموزش مهارت‌های رشد فردی و ارتباط مؤثر می‌خواهیم به این سبک برسیم، سبک ارتباطی مقتدرانه یا جرئت‌مندانه است.

این افراد، فکر، احساس، و نیازشان را به‌روشنی بیان می‌کنند و با گفتن حقیقت مشکلی ندارند. منظورشان را طوری بیان می‌کنند که شنونده را تهدید یا تحقیر نکنند.

هم خود را ارزشمند می‌دانند، هم دیگران را و در برآوردن خواسته‌های خود و دیگران تعادل و انصاف را رعایت می‌کنند. این افراد مهارت ابرازوجود سالم را یاد گرفته‌اند.

در فصل قبل گفتیم، ابرازوجود سالم یعنی من خواسته‌ها و نیازهایم را به‌طور شفاف و صادقانه، سالم و منصفانه درخواست کنم، به‌طوری که حق‌وحقوق دیگران نادیده شمرده نشود.

ما هر دو لایق احترام و ارزشمند شمرده شدن هستیم. جامعه‌ای سالم است که در آن ارتباطات سالم شکل گرفته باشد و این امر نیازمند سلامت روان افراد همراه با یادگیری مهارت‌های زندگی است.

این افراد اگر کسی را مشاهده کنند که در صف از آن‌ها جلو می‌زند، به‌طور شفاف و محترمانه به آن‌ها تذکر می‌دهند که نوبت را رعایت کنند. یا در پاسخ دعوت به میهمانی اگر مطابق نظرشان نباشد، قاطعانه «نه» می‌گویند. مهربانند و با همه با احترام رفتار می‌کنند. زبان بدن قدرتمند و ارتباط چشمی‌مناسبی دارند.

سبک‌های ارتباطی

	منفعل	پرخاشگر	منفعل - پرخاشگر	جرئت‌ورز
توصیف	فرد حق دیگران را مقدم بر حق خود می‌داند	فرد حق خود را به هر قیمتی بالاتر از دیگران می‌داند	فرد از مواجهه اجتناب می‌کند، اما ازطریق دست‌کاری سعی می‌کند انتقام بگیرد	فرد در عین احترام به حقوق دیگران بر رعایت حقوق خودش پافشاری می‌کند.
نتایج	فرد می‌بازد، گیرنده می‌برد	فرد می‌برد، دیگران می‌بازند	فرد و دیگران می‌بازند	رابطه برد، برد است
پیام ارائه‌شده	متأسفم، من به حساب نمی‌آیم	شما حساب نیستی، حق با من است	حق با من است و من به تو درسی خواهم داد	من ارزشمندم تو هم ارزشمندی
نشانه‌های رفتاری	نبود تماس چشمی جملات نامطمئن صدای لرزان سر پائین	تماس چشمی خیره زبان بدن خصمانه صدا بلند ناسزا گفتن	نبود عملکرد بلافاصله وضعیت منفعل درسی که بعدها خواهد آمد	قاطع و مهربان تماس‌چشمی‌پیوسته رفتار راحت

اعتماد به نفس
زیباترین لباسی که میتونی بپوشی

اعتمادبه‌نفس - مهارت‌های کلامی

در سخن گفتن یا هر کار دیگری برای دریافت نتیجهٔ بهتر، بهتر است آداب آن کار را بیاموزیم و رعایت کنیم.

اصلاً آداب یعنی چه؟

واژهٔ آداب جمع ادب و ادب یعنی راه و روش درست انجام دادن هر کار.

کسی که آداب‌دان است یا ادب دارد، یعنی به‌طور حرفه‌ای بایدها و نبایدها و قوانین آن کار را رعایت می‌کند.

در سخن گفتن هم این‌چنین است، که باید آداب سخن گفتن، مهارت‌های کلامی و ظرافت‌های کلامی را رعایت کنیم تا به بهترین نحو ارتباط مؤثر برقرار کنیم و حتی‌الامکان کسی را از خود نرنجانیم. یکی از راه‌های رعایت این آداب یادگیری چهار سبک ارتباطی بود که گفته شد.

چند نکتهٔ دیگر در باب آداب سخن گفتن افراد با اعتمادبه‌نفس:

- مهارت درخواست کردن
- مهارت نه گفتن
- ساخت حد و حریم
- مهارت انتقاد کردن (بازخورد دادن)

- مهارت عذرخواهی
- استفاده از سه کلمهٔ جادویی

مهارت درخواست کردن

بهتر است به‌جای ابراز گله و ناراحتی به‌طور غیرحرفه‌ای، قهر، پرخاش، رفتار منفعلانه، رفتار جرئت‌مندانه را با فرمول جادویی زیر اجرا کنیم.

مراحل درخواست:

- مشاهده
- احساس
- نیاز
- درخواست

تصور کنید با همسرتان در میهمانی هستید؛ موقع سرو شام درحالی‌که همسرتان مشغول صحبت با دوستان خود است، بی‌توجه به شما به‌سمت میز می‌رود و در کنار دوستان خود می‌نشیند و توجهی به شما ندارد....

از این رفتار ناراحت می‌شوید و پس از بازگشت به خانه می‌خواهید همسرتان را متوجه رفتارش کنید.

چگونه این کار را انجام می‌دهید؟

تمرین

این ناراحتی را به چهار شکل با توجه به چهار سبک ارتباطی بیان کنید.

....

....

....

....

رفتار شما چگونه است، قهر می‌کنید؟

با پرخاش، تندی، طعنه و تحقیر بیان می‌کنید؟

سکوت می‌کنید و وسایل را با حالت خصمانه بر روی میز می‌کوبید یا در را محکم می‌بندید و رفتار مبهم نشان می‌دهید؟

یا به‌طور منطقی و جرئت‌مندانه در مورد آن صحبت می‌کنید؟

قطعاً ما که به‌دنبال رشد و یادگیری در اینجا هستیم، سبک ارتباطی چهارم را می‌پسندیم؛ اما چگونه کار را انجام دهیم که بهتر نتیجه بگیریم؟

با تکنیک «ماند»، چهار حرف ماند، حروف اول واژه‌های این تکنیک چهار مرحله‌ای است:

۱. مشاهده

۲. احساس

۳. نیاز

۴. درخواست.

مشاهده:

در ابتدا رویدادی که مشاهده کردیم و باعث ناراحتی ما شده بیان می‌کنیم.

۱. به کار بردن نام شخص، مثلاً: «هومن، دیشب در میهمانی اصلاً به من توجهی نداشتی و درحالی‌که غرق صحبت با دوستانت شده بودی، سر میز شام رفتی؟»

احساس:

۱. «من خیلی ناراحت شدم و احساس بدی داشتم.»

نیاز یا انتظار:

۱. «نیاز داشتم یا انتظار داشتم صبر می‌کردی تا با هم سر میز بریم.»

درخواست یا پیشنهاد:

«لطفاً از این به بعد حواست رو بیشتر جمع کن، ممنون می‌شم دیگه پیش نیاد. دوست دارم در میهمانی‌ها بیشتر بهمون خوش بگذره.»

مثالی دیگر:

- پسرم یا دخترم اتاقت نامرتبه.

- احساس کردم به تمیزی خونه و زحماتی که من می‌کشم، کم‌توجهی می‌شه.

- ما نیاز داریم در تمیز نگه داشتن خونه همه با هم همکاری کنیم یا «من انتظار دارم متوجه باشید که من به‌تنهایی از پس همهٔ کارها بر نمی‌یام و خسته می‌شم.»

- پس ممنون می‌شم تا فلان موقع اتاقت رو مرتب کنی و دیگه نذاری این حالت پیش بیاد.

چگونه نه بگوییم

دومین مهارت در اعتمادبه‌نفس رفتاری، مهارت نه گفتن است.

ما باید هم مهارت نه گفتن را در خودمان تقویت کنیم و هم ظرفیت نه شنیدن را. یعنی این حق را هم برای خودمان و هم دیگران قائل باشیم و حق‌وحقوق و مرزهای همدیگر را در نظر بگیریم.

در روابط برای خود حد و حریم بسازیم و به حد و حریم و ارزش‌های دیگران هم احترام بگذاریم.

چگونگی ساخت حد و حریم

اصلاً حد و حریم چی هست؟ و چه‌طور آن را می‌سازیم؟

مرزهای فیزیکی، احساسی و روانی که توسط افراد تعریف می‌شه و تعریفش از نظر هر فرد متفاوته.

ما خودمان حد و حریم را در رابطه با افراد مختلف تعیین می‌کنیم و این حدوحدود و رعایت فاصله با افراد مختلف، متفاوت است.

مثلاً بین همکاران‌مان مشخص می‌کنیم که با یکی تا فلان حد صمیمی باشیم و با دیگری تا حد یک سلام و علیک ساده یا رابطهٔ کاری این مرزها را ما مشخص می‌کنیم و به ارزش‌های خودمان و دیگران احترام می‌گذاریم.

در موارد لزوم به‌طور قاطعانه نه می‌گوییم و با این فرمول این کار را انجام می‌دهیم.

آداب نه گفتن:

۱. نه قاطعانه و بدون تعارف، درصورت نداشتن تمایل به انجام کاری.

۲. دلیل یا توضیح مختصری برای انجام ندادن آن کار.

۳. پیشنهاد راهکار.

برای اینکه نه گفتن ما تلخی کمتری داشته باشه، بهتره ظرافت‌های کلامی رو رعایت کنیم.

مثلاً دوستی از ما درخواست پول داشته و ما داریم، اما به هر دلیلی نمی‌خواهیم به آن دوست پول قرض بدیم.

در پاسخ به این سؤال:

فلانی، می‌تونم تا سر ماه پنج تومن ازت قرض بگیرم؟

ـ متأسفم، خودم برای کاری لازمش دارم ولی (ارائه راهکار) می‌تونی از مدیر درخواست کنی، مقداری از حقوقت رو زودتر بهت بده یا فلان‌جا می‌تونی وام بگیری.

یا مثلاً دوستی درخواست قرض گرفتن کتاب از شما داره.

ـ متأسفم.

ـ من معمولاً کتاب‌هام رو به کسی نمی‌دم، چون تمریناتش رو انجام می‌دم و در اون یادداشت شخصی می‌نویسم.

ـ می‌تونی از فلان سایت سفارش بدی یا در فلان گروه دانشگاه، بچه‌ها کتاب‌های ترم قبل رو که لازم ندارن با قیمت مناسب به فروش می‌رسونن.

مهارت انتقاد کردن (بازخورد دادن)

ما وقتی از کسی ناراحت شده‌ایم و می‌خواهیم تذکری به او بدهیم یا انتقادی کنیم، کل شخصیت آن فرد را زیر سؤال نمی‌بریم. مثلاً نمی‌گوییم، تو چه آدم بدی هستی که فلان کار را انجام دادی، بلکه فقط کارش را زیر سؤال می‌بریم و می‌گوییم: فلانی من از فلان کارت ناراحت شدم.

می‌توانیم این انتقاد را با فرمول همبرگر انجام بدهیم.

مثلاً من از بچه‌هام بابت رفتاری ناراحت شدم، کل رفتارشون رو زیر سؤال نمی‌برم، بلکه به روش همبرگر بهشون می‌گم.

نان بالا: بیان یک ویژگی مثبت یا حسن‌جویی

«بچه‌ها شماها همیشه خیلی به مادرتون احترام می‌گذارید.»

همبرگر: «ولی، دیروز که استراحت می‌کردم همش توی خونه بدوبدو

می‌کردید و بلندبلند با هم صحبت می‌کردید، خیلی اذیت شدم.»

نان پائین: «البته می‌دونم معمولاً حواس‌تون به آرامش مادرتون هست و بیشتر اوقات کلاس‌های آنلاین رو هم با صدای کم یا هندزفری گوش می‌دید که آرامش من حفظ بشه.»

«ولی ممنون می‌شم موقع استراحت بیشتر رعایت کنید.»

این‌طوری کاری رو که بابتش تذکر می‌دیم، در بین دو کار خوب می‌آریم که شروع و پایان تذکر با حس خوب باشه و تأثیرگذاری کلام ما بیشتر بشه.

تکنیک بعدی استفاده از سه کلمهٔ جادویی لطفاً، متشکرم و ببخشید در مکالمات روزمره‌ست.

۱_ لطفاً:

کلمه لطفاً، واقعاً کلمه‌ای جادویی است، چون دستور را به درخواست تبدیل می‌کند و نشان‌دهندهٔ احترام و ملاحظه برای افرادی است که با آن‌ها ارتباط برقرار کرده‌ایم و زمینه را برای ادامهٔ کار مهیا می‌کند.

۲_ متشکرم:

اکثر مردم می‌دانند که باید به‌خاطر یک هدیه، لطف و پاداش و از این قبیل کارها تشکر کنند. ولی گاهی متوجه نیستیم که باید از روی ادب و نزاکت از

افرادی که در طول روز با آن‌ها در ارتباط هستیم هم تشکر و قدردانی کنیم.

برای مثال فردی که در محل کار وظیفه‌اش را در ارتباط با ما به‌خوبی انجام داده است، بهتر است از او بابت انجام‌وظیفه در زمان مناسب و به‌نحو درست، تشکر کنیم.

ابراز قدردانی و تشکر نشان‌دهندهٔ تمدن و فرهنگ است.

وقتی کسی می‌گوید «متشکرم» بهترین پاسخ «خواهش می‌کنم» است. شما هم بی‌تفاوت نباشید و تشکری را که به‌خاطر لطفتان از شما شده، بپذیرید.

نکتهٔ ظریفی است. ولی وقتی در مقابل می‌گویید «چیزی نبود» یا «قابل شما را نداشت» یا «مگه چه‌کار کردم» یعنی برای کاری که انجام داده‌اید، ارزشی قائل نیستید. پس نسبت به تشکر کردن دیگران بی‌تفاوت نباشید و با پذیرش بزرگوارانهٔ تشکر، عادت تشکر کردن را رواج دهید و برای تشکر حرفه‌ای بهتره از این فرمول کلامی استفاده کنیم.

فرمول کلامی قدردانی حرفه‌ای:

۱. قطعاً تشکر رو وقتی به‌جا می‌آوریم که حس خوبی گرفتیم یا کسی برامون کاری انجام داده یا مشکلی از مشکلات‌مون رو حل کرده و جذاب‌تر

اینه که ما به‌جای تشکر کردن تک کلمه‌ای از این فرمول استفاده می‌کنیم:

✔ نام شخص + قدردانی + بیان کاری که برامون انجام داده.

یعنی دقیقاً به زبان بیاوریم که بابت چه چیزی داریم تشکر می‌کنیم.

✔ نام شخص + احساسی که دریافت کردیم + تشکر کردن.

مثلاً می‌خواهید از دوست خود بابت چیزی تشکر کنید:

۱- بهناز جان + خیلی ازت ممنونم + بابت زحماتی که در هماهنگی جلسات گروه می‌کشی و همه رو دور هم جمع می‌کنی.

۲- آقای جلیزی + خیلی خوشحالم بابت اینکه شما نمایندهٔ کلاس هستید و جزوه ها و سؤالات امتحان رو خلاصه‌نویسی کردید، این کمک‌تون به همهٔ دانشجویان حس خوبی داد + ازتون ممنونم.

۳- استاد بزرگوارم + خیلی از شما ممنونم + بابت زحماتی که در راهنمایی من در مسیر پایان‌نامه کشیدید.

۴- همسر مهربانم + قدردانم بابت همراهی‌ت با من، در زمان امتحانات و مراقبت از بچه‌ها.

دوستان اینجا یک نکته در رعایت آداب حرفه‌ای قدردانی در صدا کردن افراد وجود داره، گفتیم در انجام هر کار باید آداب اون کار رو رعایت کنیم. آداب

جمع ادب بود و ادب یعنی نحوهٔ درست انجام هر کار.

در آداب حرفه‌ای نکته‌ای که در به کار بردن اسم افراد وجود داره اینه که:

ما نام یا عنوانی از آن شخص را می‌توانیم به کار ببریم که اجازه داریم.

در مثال‌ها دیدید که دوستم رو بهنازجان خطاب کردم. هم‌کلاسی آقا رو با نام کوچک خطاب نکردم. استاد رو استاد فلانی و با عنوان خطاب کردم. و این بسته به مراودات اجتماعی و نزدیکی ما به اون شخص داره. در بعضی موارد ما اجازه داریم نام کوچک رو صدا کنیم در جایی فامیلی فرد و در بعضی جاها فقط عنوان فرد رو اجازه داریم به کار ببریم. مثلاً استاد فلانی یا آقای دکتر فلانی. حتماً به این نکته توجه کنید.

۳_ببخشید:

ببخشید، معذرت می‌خواهم و پوزش می‌طلبم نشان‌دهندهٔ آگاهی شما از این موضوع است که باعث ناراحتی کسی شده‌اید. این‌گونه به فرد نشان می‌دهید که کار شما عمدی نبوده و باعث آرام شدن شرایط می‌شود.

- بهتر است عادت کنیم وقتی کارهای زیر را انجام می‌دهیم، عذرخواهی کنیم

- وقتی لازم است در کاری، وقفه‌ای ایجاد کنیم.

- وقتی می‌خواهیم درخواستی مطرح کنیم. «ببخشید، ولی اینجا نمی‌توانید سیگار بکشید.»

- وقتی می‌خواهید اشتباهی را بپذیرید. «ببخشید، متوجه نشدم که شما در صف هستید.»

- وقتی مکالمه را ترک می‌کنید. «ببخشید، دلم می‌خواست بیشتر بمانم، ولی باید بروم.»

- وقتی برای کاری از سر میز بلند می‌شوید و جلسه همچنان ادامه دارد. «لطفاً مرا ببخشید!»

- در رد کرد پیشنهاد، درخواست یا دعوت، شفاف و صادقانه پاسخ دهید. افراد را در بلاتکلیفی نگذارید.

- افراد با اعتمادبه‌نفس جرئت‌مندانه، شفاف و محترمانه پاسخ می‌دهند.

- متأسفم در فلان روز نمی‌توانم در فلان جا حضور داشته باشم!

- یا نمی‌توانم فلان مبلغ را به فلان شخص قرض بدهم.

- نگویید «تا ببینم چه می‌شود» یا «حالا خبرت می‌کنم» و از این قبیل پاسخ‌ها. این‌ها رفتارهای فرد با اعتمادبه‌نفس نیست.

- تقاضای بخشش و عذرخواهی را به روش درست انجام دهیم.

چگونه عذرخواهی کنیم؟

- عذرخواهی واقعی سه مرحله دارد:

- متأسفم! می‌دانم که مقصر من بودم، به این دلیل (ذکر دلیل)

- سعی می‌کنم دیگه پیش نیاد.

برای جبرانش چه کاری می‌تونم انجام بدم؟

وقتی کسی را ناراحت کرده‌ایم یا ناخواسته به کسی آسیب زده‌ایم، باید آگاه باشیم و بدانیم کدام کار ما چه آسیبی به او وارد کرده است. بابت همان کار عذرخواهی می‌کنیم و نقش خود را در آسیبی که رسیده است، می‌پذیریم و اطمینان می‌دهیم که دیگر تکرار نخواهد شد و برای جبران خسارت یا کسب اعتماد هم کاری را که لازم است، انجام می‌دهیم.

اگر فقط به طرف بگوییم ببخشید، ولی حتی ندانیم بابت چه عذرخواهی کرده‌ایم و اشتباه خود را نپذیریم و بارها تکرار کنیم و هر بار یک ببخشید ساده بگوییم، نه‌تنها عذرخواهی ما سودی ندارد، بلکه به عزت‌نفس فرد آسیب‌دیده هم ضربه زده‌ایم. پس افراد با اعتمادبه‌نفس هر کار را به روش درست با آداب آن کار انجام می‌دهند.

اعتمادبه‌نفس شناخت توانمندی‌ها و آزادسازی پتانسیل‌ها

افراد با اعتمادبه‌نفس از مرحلهٔ خودشناسی گذر کرده‌اند به توانایی‌ها، نقاط قوت و ضعف خود آگاهند.

برای استفادهٔ بهتر از پتانسیل‌ها، نیازی نیست که انرژی زیادی بر نقطه‌ضعف‌هایمان بگذاریم. بهتر است نقاط ضعف را شناسایی کنیم و نقاط قوت خود را رشد دهیم. برای مثال من در مهارت‌های کلامی توانایی دارم، در کارهای کامپیوتری و ادیت مهارت کمتری دارم.

بیست درصد انرژی‌ام را بر بهبود در مهارت‌های نرم‌افزاری و هشتاد درصد را بر بهبود مهارت‌های کلامی می‌گذارم. در این صورت رشد بیشتری خواهم داشت و آن کارهایی را که علاقه یا مهارت کمتری در آن‌ها دارم برون‌سپاری می‌کنم. تا اینکه هشتاد درصد توانایی را روی نقطهٔ بهبودپذیر که کمتر علاقه دارم، بگذارم و بیست درصد به توانمندی‌ام بپردازم. در این صورت، مثال از این‌ور رانده و از آن‌ور مانده، خواهم شد.

پس افراد با اعتمادبه‌نفس بر رشد توانمندی‌های خود تمرکز می‌کنند و خود را با دیگران مقایسه نمی‌کنند.

ساعات پرانرژی بدن خود را شناسایی کنیم

وقتی به خودشناسی و خودآگاهی نسبت به خود رسیدیم، بهتر است بدانیم در چه ساعت‌هایی از روز توان ما برای انجام کدام کارها بالاتر است و در چه ساعت‌هایی معمولاً کم‌حوصله‌تر هستیم.

همیشه به ما گفته‌اند هرکس صبح زود بیدار شود، قطعاً موفق‌تر خواهد شد. روزی را از اول صبح تقسیم می‌کنند و از این قبیل صحبت‌ها. در اکثر کتاب‌های موفقیتی هم از مزایای بیدار شدن در ساعت پنج صبح گفته شده است، ولی آیا همهٔ افرادی که صبح‌ها دیرتر بیدار می‌شوند و شب‌ها به انجام کارهای مهم می‌پردازند، کمتر از گروه اول موفق هستند؟

بعضی از ما راحت‌تر هستیم که صبح زود از خواب بیدار شویم و کارهایمان را انجام دهیم. برخی دیگر کار کردن در شب را ترجیح می‌دهیم. مهم این است که ساعات پرانرژی بدن خود را شناسایی کنیم و طبق مدل بیولوژیکی خودمان رفتار کنیم و برای داشتن راندمان بالاتر و کارآمدی بیشتر، کارهای مهم را در زمان‌هایی برنامه‌ریزی کنیم که معمولاً از نظر بیولوژیکی پرانرژی هستیم

دانشجویی که ساعت پنج صبح بیدار می‌شود و درس می‌خواند، نمونه‌ای از آدم صبح یا (Morning person) است. البته در زبان انگلیسی از اصطلاح

«Early – bird» هم برای توصیف چنین افرادی استفاده می‌شود.

در مقابل نویسنده یا خیاطی که ترجیح می‌دهد تا نیمه‌های شب کار کند و صبح دیرتر از خواب برخیزد یا دانشجویی که ترجیح می‌دهد شب‌ها مطالعه کند، نمونهٔ «آدم شب» یا «Evening - person» محسوب می‌شود.

اصطلاح جغد شب یا «Night- owl» هم برای این نوع افراد به کار می‌رود. در ادبیات رسمی‌تر، اصطلاح کرونوتایپ (chrono type) برای توصیف این تفاوت به کار می‌رود.

آدم‌های صبح زود و آدم‌های شب، در دو انتهای طیف قرار می‌گیرند و البته بسیاری هم هستند که در میانهٔ طیف قرار دارند و نمی‌توان آن‌ها را (خروس صبحگاهی) یا (جغد شب) نامید.

پس مقایسه ممنوع. قرار نیست مدل بیولوژیکی همهٔ انسان‌ها مثل هم باشد. ما یا چکاوک هستیم، همان خروس صبحگاهی یا آدم صبحگاهی یا جغد هستیم یا بین این دو طیف قرار داریم.

قرار نیست اگر من مدل شامگاهی هستم و دوست و همکار من مدل چکاوک هستند، نسبت به عملکرد خود ناراضی باشم، و استرس بگیرم.

باید تشخیص دهیم جغدیم یا چکاوک. البته که طبیعت و نظم هورمون‌های انسان به‌طور معمول براساس انسان صبحگاهی تنظیم شده و افرادی که در

شب تمرکز بیشتری برای انجام کارهای مهم‌تر خود دارند، معمولاً صبح تا ظهر را که ساعات عادی کار ادارات و فعالیت اجتماعی معمول است، از دست می‌دهند. با برنامه‌ریزی و مدیریت زمان می‌توان تا حدی الگوی خواب، بیداری و نظم زندگی را بهبود بخشید؛ ولی به‌طور کلی آدم‌های با اعتمادبه‌نفس خود را کمتر مقایسه می‌کنند و براساس توانمندی و مدل بیولوژیکی خود سعی می‌کنند بهترین عملکرد را داشته باشند.

شاید برایتان جالب باشد که چند دهه قبل، اولوف اوستبرگ، پرسش‌نامه‌ای برای سنجش رغبت انسان‌ها به کار در صبح یا شب پیشنهاد کرد و این پرسش‌نامه را (Morningness – Eveningness Questionnaire) یا MEQ نامید. می‌توانید برای اطلاع از مدل بیولوژیکی خود این پرسش‌نامه را سرچ کنید و آنلاین پاسخ دهید. ساعات پرانرژی بدن خود را شناسایی کنید و به مدل زیستی خود بیشتر اعتماد کنید.

چه کارهایی باعث کاهش اعتمادبه‌نفس می‌شود؟ برای افزایش اعتمادبه‌نفس چگونه عمل کنیم؟

برای تقویت اعتمادبه‌نفس نه‌تنها باید بدانیم چه کارهایی اعتمادبه‌نفس را تقویت می‌کند، بلکه لازم است بدانیم چه کارهایی اعتمادبه‌نفس را تخریب می‌کند.

بسیاری از رفتارهای ما در زندگی مخرب هستند و باعث تضعیف اعتمادبه‌نفس درون ما می‌شوند.

در اینجا به تعدادی از این موارد می‌پردازیم.

کمال‌گرایی منفی (کامل‌گرایی)

کامل‌گرایی دشمن اعتمادبه‌نفس سالم است. کامل‌گراها نگاه صفر و صد به هرچیزی دارند؛ بدین صورت که همه‌چیز باید کامل و بی‌نقص باشد یا اصلاً نباشد. در این صورت معمولاً دو حالت به وجود می‌آید.

الف. افراد کمال‌گرا همهٔ کارها را در نظر خود کامل و بی‌نقص انجام می‌دهند، اما همان‌طور که گفتیم «از نظر خود» و نه واقعاً کامل و بی‌نقص.

این حالت به آن‌ها اعتمادبه‌نفس می‌دهد، اما به مرور متوجه نارضایتی اطرافیان‌شان می‌شوند؛ زیرا کامل‌گرایی در بسیاری مواقع اطرافیان را آزار می‌دهد. بدین‌ترتیب آن‌ها فکر می‌کنند که مثلاً فردی منظم، مقبول و استاندارد هستند؛ درحالی‌که در حقیقت نیستند و این یعنی اعتمادبه‌نفس کاذب.

ب. این افراد هیچ‌کاری انجام نمی‌دهند، زیرا از اشتباه کردن می‌ترسند. بدین صورت اعتمادبه‌نفس آن‌ها تضعیف می‌شود.

بسیاری از ما گرفتار کامل‌گرایی هستیم. کامل‌گرایی در واقع راهی است

برای توجیه اهمال‌کاری ما.

وقتی ما برای خودمان استانداردهای بالایی در نظر می‌گیریم، یا هیچ‌وقت شروع نمی‌کنیم و دچار اهمال‌کاری می‌شویم یا به‌طور مداوم خودمان را بابت کامل نبودن سرزنش می‌کنیم.

حالا برای رهایی از کامل‌گرایی چه کنیم؟

از خودمان بپرسیم: بهتر است این کار را با کیفیت پائین انجام دهم یا هرگز انجام ندهم و عمری حسرت بخورم که ای‌کاش انجامش می‌دادم.

کارهای تمام‌شده با کیفیت معمولی خیلی بهتر از کارهای باکیفیتی است که هیچ‌وقت انجام نشده.

استانداردهای قابل قبولی برای خود تعریف کنیم.

اصلاً استاندارد چی هست؟

استاندارد یعنی حد قابل قبول. یعنی حداقل‌هایی که از نظر ما برای شروع لازم است.

اهمال‌کاری

گفتیم که داشتن استانداردهای بالا سبب کمال‌گرایی و کامل‌گرایی سبب

اهمال‌کاری می‌شود.

حالا اهمال‌کاری چیست؟

اهمال‌کاری یعنی به تعویق انداختن کارها به هر دلیلی. آگاهانه یا ناآگاهانه.

تفاوت اهمال‌کاری با تنبلی:

اهمال‌کاری با تنبلی متفاوت است. فرد تنبل تصمیم به انجام کاری ندارد، ولی فرد اهمال‌کار برنامه‌ریزی می‌کند و تصمیم به انجام دارد، اما به هر دلیلی آن را به تعویق می‌اندازد و دچار اضطراب می‌شود.

تنبلی	اهمال‌کاری
۱. برای شروع یا انجام کار، انگیزه و میلی ندارد.	۱. می‌خواهد انجام دهد، اما به هر دلیل به تعویق می‌اندازد.
۲. به دلیل بی‌انگیزگی، بی‌علاقگی و بی‌ارزش بودن آن کار، انجامش نمی‌دهد.	۲. به دلیل ترس از شکست یا قضاوت بقیه و کمال‌گرایی کار را انجام نمی‌دهد.
۳. توجهی به ددلاین و زمان تحویل کار ندارد.	۳. می‌داند باید کار را تحویل دهد، اما مدام عقب می‌اندازد و استرس می‌گیرد.
۴. هدف و برنامهٔ مشخصی ندارد.	۴. با اینکه برنامه و هدف دارد کار را به تعویق می‌اندازد.

شخص تنبل قصد ندارد کاری را انجام دهد و انتخابش انجام ندادن است.

ولی شخص اهمال‌کار ⟵ می‌خواهد انجام دهد، اما به دلایل مختلف که در بالا ذکر شد، به تعویق می‌اندازد.

پس انجام دادن آن کار را انتخاب می‌کند، اما آن کار را به تعویق می‌اندازد، درنتیجه دچار کاهش عزت‌نفس و استرس می‌شود.

برای جلوگیری از اهمال‌کاری چه کنیم؟

۱. هدف‌های بزرگ را به بخش‌های کوچک تقسیم کنیم.

۲. پس‌از انجام هر بخش از کار که هدف کوچکی را سپری کردیم، به خود پاداش دهیم. پاداش سبب ترشح دوپامین و ایجاد انگیزه می‌شود و مسیر حرکت را به جلو را هموارتر می‌کند.

۳. برای کارها زمان پایان انجام کار یا دِدلاین تعریف کنیم.

۴. خود را متعهد به انجام کار تا پیش از پایان زمان برنامه‌ریزی‌شده، بدانیم.

تمرین

از خودمان بپرسیم: اگر به‌خاطر کامل‌گرایی هیچ‌وقت شرایط ایدئال فراهم نشود، چه چیزهایی را از دست خواهی داد؟

پس تصمیم بگیرید: معمولی باشید و متعهد به عمل به اهدافتان باشید. معمولی شروع کنید و در مسیر، کم‌کم خود را بهبود دهید. هردفعه کمی‌بهتر انجامش دهید و مسیر بهبود مستمر را در پیش بگیرید.

گفت‌وگوی درونی منفی

یکی دیگر از فاکتورهای پایین آوردن اعتمادبه‌نفس گفت‌وگوی درونی منفی است. هنگام گفت‌وگو در کنار خودتان هستید یا در مقابل خودتان؟

با چه واژگانی با خود صحبت می‌کنید؟

آیا با احترام با خود صحبت می‌کنید؟

هنگام صحبت با خود، خود را تو یا شما خطاب می‌کنید؟ یا نام خود را بر زبان می‌آورید؟

برای رفع این حالت، گفت‌وگوی درونی خود را به حالت مثبت و با احترام تغییر دهید و شفقت به خود را تمرین کنید.

برچسب‌های منفی

برخی افراد عادت دارند که برچسب‌های منفی به خود بزنند و خود را با آن معرفی کنند. مثلاً وقتی اشتباهی مرتکب می‌شوند می‌گویند: «من یک احمق

هستم!» یا «من چقدر خنگ هستم!» و......

برچسب زدن به خود و خود را با آن برچسب‌ها معرفی کردن به مرور زمان اعتمادبه‌نفس شما را کاهش می‌دهد.

برای رفع این حالت می‌توانید از خود بپرسید، چطور می‌توانم بهتر، این کار را انجام دهم؟

مقایسهٔ خود با دیگران

بسیاری از افراد عادت دارند که درون زندگی خود را با ظاهر زندگی دیگران مقایسه کنند و سپس دست به خودتخریبی بزنند.

بدانید و آگاه باشید که هرآنچه از دیگران چه در ظاهر، اجتماع یا شبکه‌های مجازی می‌بینیم، تمام آن چیزی است که اجازه داده‌اند ما ببینیم. آن‌ها انتخاب کرده‌اند که چه زوایایی از زندگی‌شان مخفی بماند و کدام زوایا بزرگ‌نمایی شود.

امروزه شبکه‌های اجتماعی، مدل‌ها، بلاگرها، انتظار ما را از تفریحات، زیبایی اندام، چهره، سبک زندگی و همه‌چیز بالا برده‌اند، ولی هیچ‌کدام استانداردهای واقعی برای زندگی ایدئال و پذیرفتنی به همراه آرامش و شادمانی را ندارند.

عادت مقایسه با دیگران اگر به برتری‌طلبی منجر نشود، حتماً به تخریب

اعتمادبه‌نفس، افزایش اضطراب، غم و خشم منجر خواهد شد.

لزومی‌ندارد که شما خود را با دیگران مقایسه کنید؛ فقط کافی‌ست که امروزِ خود را با دیروزِ خود مقایسه کرده و ببینید از دیروز تا امروز چه پیشرفت‌هایی داشته‌اید؟

سپس خود را با آینده مقایسه کنید و ببینید تا رسیدن به اهداف‌تان چقدر راه مانده؟ و چه کارهایی ر باید انجام دهید؟

اگر ما هر روز نسبت به روز قبل، فقط یک درصد بهتر باشیم در پایان ۳۶۵ روز در یک‌سال ۳۶/۵ درصد از ابتدای سال خود بهتر عمل کرده‌ایم. پیشرفت روزانهٔ کوچک در طولانی‌مدت منجر به نتایج خیره‌کننده خواهد شد.

موفقیت یعنی: تکرار کارهای ساده به‌طور منظم و مستمر در مسیر اهداف.

مرور افکار منفی

افکارمنفی‌معمولاًبه‌دنبال‌تجارب‌ناخوشایندزندگی‌مثل‌تروما،بایدونبایدهای جامعه، سبک فرزندپروری ناسالم و غیره به وجود می‌آیند.

هر بار مرور افکار منفی، احساس‌های بدی را که درگذشته و در لحظهٔ وقوع آن اتفاق تلخ در ما به وجود آمده، در ما زنده می‌کند.

یعنی در واقعیت آن اتفاق تلخ یک بار افتاده، ولی ما درد و سنگینی آن را

سال‌های سال هر روز با خود حمل می‌کنیم.

بهتر است یک سؤال از خود بپرسم.

- من از این اتفاق منفی چه درسی گرفته‌ام؟

- از این به بعد با درسی که گرفته‌ام، چطور می‌توانم در موارد مشابه بهتر عمل کنم؟

یک ضرب‌المثل هست که می‌گه:

«گذشته را رها کن، ولی درسی را که از آن گرفته‌ای همیشه به‌خاطر بسپار.»

پس ما با استفاده از تجربیات‌مان و درس‌هایی که در گذشته از زندگی آموخته‌ایم، آینده را بهتر می‌سازیم.

رفتارهای هیجانی و نامناسب

مثلاً وقتی از روی خشم، غم، یا ترس کاری را انجام می‌دهیم یا حرفی را می‌زنیم، غالباً بعد از آن به سرزنش و خودتنبیهی دچار می‌شویم.

این کار نه‌تنها اعتمادبه‌نفس‌مان را تضعیف می‌کند، بلکه به عزت‌نفس‌مان هم آسیب می‌رساند. برای کنترل این وضعیت لازم است هوش هیجانی خود را تقویت کنیم تا مدیریت هیجانات و کنترل رفتار خود را به دست بگیریم.

هوش هیجانی چیست؟

هوش یا IQ ← توانایی‌های کلی ذهنی ماست که به وسیلهٔ آن‌ها کارها را راحت‌تر انجام می‌دهیم. مثل قدرت حل مسئله، استدلال، منطق، قدرت زبان‌آموزی و توانایی‌های دیگر.

هیجان ← احساس و واکنش عاطفی ماست.

هوش هیجانی یا EQ ← وقتی ما به میزان مناسبی، از قدرت استدلال، منطق و همچین به میزان مناسبی از احساس و عاطفه در تصمیم‌گیری‌ها استفاده کنیم، می‌توانیم از هر دو قدرت مغزمان هوش و هیجان کنار هم بهره بگیریم.

ما سه نوع تصمیم‌گیری براساس توانایی‌های ذهنی خود داریم:

- تصمیمات منطق‌محور که براساس هوش و منطق ما گرفته شده و در درستی یا نادرستی آنها نقش احساسات در نظر گرفته نشده.

- تصمیمات هیجان‌محور یا تکانشی که فقط براساس، احساس ما در آن لحظه گرفته شده و به پیامد آن توجهی نداریم.

احساساتی مثل خشم، غم، شادی و غیره. ممکن است در آینده از تصمیمات لحظه‌ای خود پشیمان شویم یا مجبور شویم، پیامد سخت آنها را متحمل شویم.

مغز ما طوری طراحی شده که هم احساسات هم منطق در وجود ما قرار داده شده و ما به هر دو آنها نیاز داریم.

برای اینکه در زندگی رضایت داشته باشیم باید نیمکره‌های مغز ما در تعادل باشند. نیمکرهٔ راست مربوط به احساس، کارهای هنر، لطافت و.... است و نیمکرهٔ چپ مسئول اعمالی چون منطق، استدلال، ریاضیات و... پس برای برقراری تعادل باید از قدرت دو نیمکره استفاده کنیم.

خرد یعنی، استفادهٔ به‌جا و متعادل از احساس و منطق؛ یعنی توانایی برقراری تعادل بین نیمکره‌های مغز.

- تصمیم‌های نوع سوم که بهترین نوع تصمیمات هستند، استفاده از خرد در زندگی هستند.

خرد یعنی، دانش منطقی و سواد عاطفی خود را چگونه ترکیب کنیم و به کار بگیریم. پس تصمیمات خردمندانه و سبک زندگی خردمندانه سبب افزایش اعتمادبه‌نفس می‌شود.

بارها از اطرافیان شنیده‌ایم: من که برای همه خوب بودم، ولی نادیده گرفته شدم و ضرر کردم. مرور افکار منفی حاصل از خرد شدن عزت‌نفس، به‌طور مداوم این افراد را آزار می‌دهد. در پاسخ به این افراد فقط این یک جمله کافی است:

لطفاً خوب نباشید! خردمند باشید.

پس ما در زندگی خردمندانه، یاد می‌گیریم چگونه خوبی کنیم، کجاها تا چه حد خوب و کجا تا چه اندازه، حد و حریم را بدانیم.

دوستان نامناسب:

دوستان نامناسب یا اعتمادبه‌نفس کاذب به ما می‌دهند یا اعتمادبه‌نفس را از ما سلب می‌کنند. ما اگر در میان افرادی باشیم که هیچ تناسبی با ما ندارند یا افسرده و مضطرب می‌شویم یا اعتمادبه‌نفس خود را در مقابل آن‌ها از دست می‌دهیم. یا اینکه بودن با بعضی از افراد باعث می‌شود، از آنچه هستیم دور شویم و خود را با آنچه نیستیم، بشناسیم و این یعنی اعتمادبه‌نفس کاذب. برخی دوستان نیز با رفتارها یا حرف‌های خود به اعتمادبه‌نفس ما آسیب می‌زنند. برای تقویت اعتمادبه‌نفس خود باید با افرادی همراه شویم که متناسب با ما، حامی، مثبت‌بین و همراه باشند.

برای خود دوستانی انتخاب کنیم که اعتمادبه‌نفس سالمی دارند و برای رسیدن به آنچه می‌خواهند باشند، تلاش می‌کنند.

افراد سمی

افراد سمی کسانی هستند که دائماً با رفتار نامناسب خود باعث ناراحتی

و آزردگی دیگران می‌شوند، آن‌ها را مضطرب می‌کنند و آسیب‌های روانی و جسمانی به افراد وارد می‌کنند. این افراد می‌توانند تمام انرژی، انگیزه، عزت‌نفس، روحیه و زمان‌تان را بگیرند و به شما احساس ناکافی بودن و ناامیدی بدهند.

اگر قصد دارید در کار و زندگی خود موفق باشید و اعتمادبه‌نفس و عزت‌نفس خود را بالا نگه دارید، باید بتوانید آدم‌های سمی را حذف کنید یا اثرگذاری آن‌ها را در زندگی‌تان به حداقل برسانید.

ارتباط با این آدم‌های آزاردهنده می‌تواند به‌شدت خسته‌کننده باشد و در درازمدت سبب هدر رفتن بخش زیادی از انرژی، انگیزه و شادی در شما شود.

ویژگی‌های افراد سمی

- خلق ناپایدار دارند؛
- نیازمند توجه‌اند؛
- به‌طور مداوم شر به پا می‌کنند؛
- خبرچین‌اند؛
- دروغ‌گوهای قهاری هستند؛
- حسادت می‌کنند؛

- برای هرچیزی بهانه می‌آورند؛

- نگرش منفی و بدبینی دارند؛

- قضاوت‌کننده و منتقدند؛

- کنترل‌گرند؛

- مدام نقش قربانی را بازی می‌کنند؛

- رفتارهای حیله‌گرانه دارند؛

- مسئولیت‌گریزند و مدام کارهای خود را توجیه می‌کنند؛

- به احساسات دیگران توجهی نمی‌کنند و در روابط خود باج‌گیری عاطفی دارد؛

- ترسو و پرخاشگرند؛

- به مرزهای دیگران احترام نمی‌گذارند و دیگران را بازیچۀ خود قرار می‌دهند.

با داشتن حدومرز و فاصله گرفتن از افراد سمی به رشد اعتمادبه‌نفس خود کمک بزرگی کرده‌ایم.

اعتمادبه‌نفس - بخشش

بخشش یعنی در مقابل کار بدی که در حق ما شده انتقام نگیریم و به‌خاطر آرامش خودمان با آن افراد که معمولاً هم افراد سمی هستند، وارد رابطه نشویم. در بحث‌وجدال هرکسی بی‌ادب‌تر و وقیح‌تر است به ظاهر برنده است؛ پس برای دوری از این رفتار از درگیر شدن و انتقام‌جویی چشم‌پوشی‌کنیم.

برای اینکه خودمان در آرامش باشیم ،می‌بخشیم و رها می‌کنیم.

همیشه به ما گفته‌اند: بزرگواری کن و ببخش؛ اما انگار فراموش شده که این جمله بخش دومی‌هم دارد:

ببخش و رها کن

ببخش یعنی انتقام نگیر و رها کن یعنی آدم‌های سمی‌زندگی را رها کن.

قرار نیست به کسی که به ما آسیب زده اجازه بدهیم دوباره به زندگی ما برگردد. دوست، همکار، شریک کاری یا شریک عاطفی، همسر سابق، خانوادۀ همسر، فامیل یا هرکسی را که آدم سمی‌زندگی ما بوده می‌بخشیم و رها می‌کنیم.

لازم نیست به اصطلاح عامیانه خوب باشیم ودوباره آن‌ها را به حریم خود راه دهیم؛ قرار شد خردمند باشیم نه خوب! خردمندانه خوبی کنیم، خردمندانه

ارتباط برقرار کنیم و خردمندانه رها کنیم.

وقت، عمر، زمان و انرژی ما محدود است و این ما هستیم که انتخاب می‌کنیم در این زمان و انرژی محدود با چه کسانی هم‌مسیر باشیم. در هر کجای سفر زندگی متوجه شدیم که افراد اشتباهی به قطار زندگی‌مان وارد شده‌اند، اولین ایستگاه آن‌ها را پیاده می‌کنیم. مسیر زندگی دست من است. من تعیین می‌کنم با چه کسانی و در چه زمانی هم‌سفر باشم. دوست، فامیل و.... نمی‌شود. درست نیست، نداریم. باورهای محدودکننده را بازنگری می‌کنیم و با باور رشد جایگزین می‌کنیم. با تکرار روند قبلی قرار نیست نتیجهٔ متفاوتی بگیریم؛ بنابراین پس از بخشیدن، رها کردن را فراموش نکنید.

با توجه به رشد، اکنون با انسان‌های هم‌هدف مراوده داشته باشیم و مهم نیست تعداد کم باشد، مهم کیفیت ارتباطاتی است که در زندگی داریم.

اعتمادبه‌نفس هدف:

وقتی هدف‌های مشخص در زندگی خود نداشته باشیم، کم‌کم احساس بیهودگی می‌کنیم. تعیین اهداف در زندگی به ما پویایی، نشاط و اعتمادبه‌نفس می‌دهد. تعیین هدف برای زندگی حس مفید بودن و زنده بودن به ما می‌دهد.

زمانی که برای زندگی خود هدف تعیین می‌کنیم. اما برای رسیدن به آن برنامه و استراتژی مناسبی نداریم و آن را پیگیری نمی‌کنیم در واقع به جنگ با

اعتمادبه‌نفس خود رفته‌ایم.

بنابراین پس از تعیین هدف باید برنامهٔ مناسبی در مسیر دستیابی به آن داشته باشیم.

کوچک شمردن موفقیت‌ها:

معمولاً دیدن نیمهٔ خالی لیوان برای ما خیلی راحت‌تر از یادآوری نیمهٔ پر و موفقیت‌هایمان است.

مردم غالباً خیلی راحت دربارهٔ نداشته‌ها، کمبودها و شکست‌های خود صحبت می‌کنند و زمانی که به آن‌ها می‌گوییم از موفقیت‌های خود بگویند، بیش از چند جملهٔ محدود نمی‌توانند، بیان کنند.

برای بالا بردن اعتمادبه‌نفس خود و انگیزه در مسیر حرکت و هدف‌گذاری جدید، از تکنیک **سندسازی** استفاده کنید. یعنی یک لیست از دستاوردها و موفقیت‌های خود تهیه کنید.

با یادآوری موفقیت‌های هرچند کوچک در گذشته، دوباره حس اعتمادبه‌نفس و امید در شما زنده خواهد شد.

اعتمادبه‌نفس

تمرین

همین الان شروع کنید و یک لیست از موفقیت‌های گذشته خود در اینجا بنویسید.

موفقیت‌های خود را کوچک نشمارید. این لیست می‌تواند، شامل قبولی در یک امتحان، گرفتن گواهی‌نامهٔ رانندگی، خواندن یک کتاب، شرکت در یک دورهٔ آموزشی جهت رشد فردی، گرفتن مدرک تحصیلی، قدم گذاشتن در راه بهبود سبک زندگی و سالم‌زیستی، برنامه‌ریزی جهت آرامش یا هرچیز دیگری باشد.

کامل‌گرایی نکنید. همین الان این لیست را تکمیل کنید.

....
....
....
....
....

تمرکز شما بر نقاط ضعف‌تان است یا نقاط قوت‌تان؟

پیشرفت افراد با اعتمادبه‌نفس در تمرکز بر نقاط قوت‌شان است. کسانی که دائماً بر نقاط ضعف و ناتوانایی‌های خود پافشاری و تأکید می‌کنند، در واقع اعتمادبه‌نفس خود را تضعیف می‌کنند.

ویژگی‌های افراد با اعتمادبه‌نفس

- برای خود برنامه و هدف دارند؛
- برای وقت خود ارزش قائل‌اند؛
- حد و حریم دارند؛
- قاطع و در عین حال مهربان‌اند؛
- محکم و مطمئن سخن می‌گویند؛
- هنگام صحبت لبخند به لب دارند؛
- بیشتر از اینکه صحبت کنند، به دیگران گوش می‌دهند؛
- سبک زندگی تعریف‌شده‌ای دارند؛
- به نظم شخصی و مدیریت زمان پایبندند؛
- به‌دنبال رشد و یادگیری‌اند؛

- به رشد دیگران کمک می‌کنند؛
- طرز فکر برنده دارند نه قربانی؛
- به مشکلات به‌عنوان چالش و مسئلۀ حل‌شدنی نگاه می‌کنند؛
- از اشتباه کردن نمی‌ترسند؛
- در زمان نیاز از دیگران کمک می‌گیرند؛
- در زمان نیاز به دیگران نه می‌گویند؛
- در زمان نیاز عذرخواهی می‌کنند؛
- مسئولیت اعمال خود را می‌پذیرند؛
- با دیگران محترمانه رفتار می‌کنند و دیگران در کنار آنها حس ارزشمندی دارند؛
- در گفتار و رفتار آرام‌اند؛
- قادرند با مهارت‌هایشان در زندگی خود تغییر ایجاد کنند؛
- زبان بدن با اعتمادبه‌نفس دارند؛
- عادت‌های مثبت دارند؛
- در مواقع لزوم انعطاف‌پذیری و سازگاری دارند؛

- شکرگذارند؛
- با خود / خدا و دیگران ارتباط خوبی دارند؛
- پختگی و بلوغ رفتاری دارند؛
- از خوبی‌های دیگران تعریف می‌کنند؛
- از افراد موفق الگو و ایده می‌گیرند، ولی مقایسهٔ منفی نمی‌کنند. مقایسه فقط با گذشتهٔ خود؛
- انگیزه و اراده دارند و پر تلاش‌اند؛
- پرانرژی صحبت می‌کنند؛
- دوستان خوب دارند؛
- خوش‌پوش و خوش‌رفتارند؛
- قاطع و در عین حال مهربانند؛
- نگرش مثبت دارند؛
- درعین حال واقع‌بین هستند، مثبت‌نگری سمی یا منفی‌بینی افراطی ندارند؛
- در افکار گفتار و رفتار تعادل دارند؛
- قادرند با مهارت‌هایشان در زندگی خود تغییرات مثبت ایجاد کنند؛

- به احساسات خود در لحظه آگاه‌اند؛
- رفتار شفاف و صادقانه دارند، مبهم و دوپهلو رفتار نمی‌کنند.

اعتمادبه‌نفس خروج از دایرهٔ نگرانی

اتفاقات دور و بر ما دو دسته‌اند:

۱. یا در دایرهٔ کنترل ما هستند و ما می‌توانیم با تصمیمات خود بر آن‌ها تأثیرگذار باشیم.

۲. یا در دایرهٔ کنترل ما نیستند و ما در به وقوع پیوستن آن‌ها نقش نداریم.

ما باید بیاموزیم که بابت اتفاقاتی که در دایرهٔ کنترل ما نیستند، نگران نباشیم و اتفاقات موجود در دایرهٔ کنترل خود را به‌درستی مدیریت کنیم.

پس تمرکز خود را بر دایرهٔ کنترل می‌گذاریم.

برخی از مواردی که ما نمی‌توانیم بر روی آن‌ها تاثیرگذار باشیم:

- وضعیت اقتصادی دنیا و شرایط حاکم بر کشور؛
- اینکه دیگران نسبت به من چه می‌گویند؛
- اینکه در گذشته چه اتفاقاتی افتاده؛
- خصوصیات ظاهری و ژنتیکی‌ام؛

- رفتار دیگران.

مواردی که در دایرهٔ کنترل ماست:

- دیدگاه‌مان؛
- رفتارمان؛
- هیجانات‌مان؛
- نوع پاسخی که به رفتار دیگران داریم؛
- چیزهایی که می‌خوریم؛
- سبک زندگی‌مان؛
- میزان ارزشی که به اشخاص می‌دهیم؛
- نحوهٔ واکنش نشان دادن یا پاسخ ما به رویدادها؛
- طرز صحبت کردن‌مان با خودمان، گفت‌وگوی درونی مثبت داریم یا منفی؛
- بودن یا نبودن در یک رابطه؛
- دنبال کردن یا نکردن افراد در فضای مجازی.

اعتمادبه‌نفس تغییر

افراد با اعتمادبه‌نفس براساس دایرهٔ کنترل و عدم‌کنترل به پذیرش رسیده‌اند و در نگرش خود به رویدادها، تغییراتی ایجاد کرده‌اند. تمرکز آن‌ها بر مواردی است که در دایرهٔ کنترل‌شان است. آن‌ها روی منابع تمرکز می‌کنند نه روی موانع و از فرصت‌ها، شانس‌های زندگی خود را می‌سازند. پرتلاش‌اند و کمال‌گرایی منفی را در خود کاهش داده‌اند.

منتظر نمی‌مانند همه‌چیز خوب باشد، بعد شروع کنند. شروع می‌کنند و در مسیر خود را بهبود می‌بخشند.

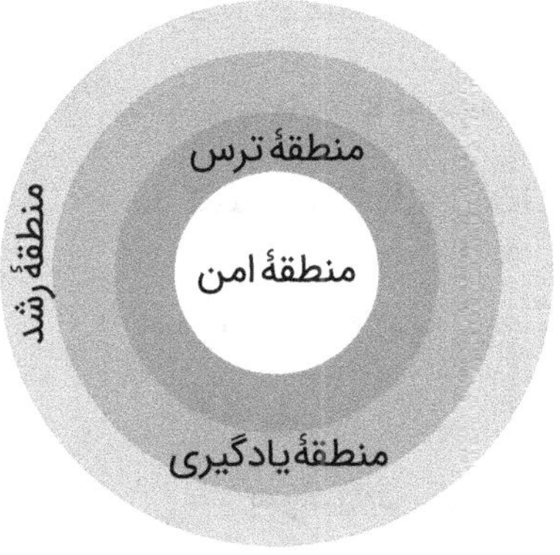

مسیر تغییر از این چهار مرحله می‌گذرد:

۱. خروج از منطقهٔ امن و منطقه‌ای که اکنون در آن هستم:

آنجا احساس راحتی می‌کنیم و چالشی برای ما ندارد، زندگی روتین و روزمرهٔ ما.

۲. ورود به منطقهٔ ترس یا خروج از منطقهٔ امن:

اول منطقهٔ ترس را تجربه می‌کنیم. جایی که برای ما جدید است. باید مهارت‌های ورود به مرحلهٔ جدید را یاد بگیریم که برای ما چالش‌برانگیز است.

۳. ورود به منطقهٔ یادگیری:

وقتی شروع به مهارت‌آموزی برای آماده شدن به دنیای بزرگ‌تر را انجام دادیم، از ترس و نگرانی‌های منطقهٔ قبل کاسته شده و خود را برای ورود به مرحلهٔ بعد که مرحلهٔ رشد است، آماده می‌کنیم.

۴. ورود به منطقهٔ رشد و تجربهٔ زندگی با کیفیت جدید:

در این مرحله به مهارت‌ها تسلط پیدا کرده‌ایم و چالش‌ها را گذرانده‌ایم و اعتمادبه‌نفس ما بیشتر شده.

افراد با اعتمادبه‌نفس، جسارت این را یافته‌اند که از دایرهٔ امن خود خارج شوند و پا به منطقهٔ ترس‌ها بگذارند، مهارت‌های جدید بیاموزند و با آن‌ها رشد کنند و در زندگی خود تغییرات مطلوب ایجاد کنند.

طبق آخرین تعریف یونسکو:

سواد یعنی توانایی تغییر در زندگی با به‌کارگیری دانسته‌ها

افراد با اعتمادبه‌نفس پس از خروج از دایرهٔ امن به این مرحله از تعریف سواد رسیده‌اند.

اعتمادبه‌نفس شناخت و مدیریت احساسات

پیش‌از این گفتیم که باتوجه به احساسات‌مون، می‌تونیم به سه شکل رفتار کنیم.

۱. رفتار حال‌محور یا هیجانی که تکانشیه و فقط براساس احساس در اون لحظه و بدون توجه به پیامد رفتار، صورت گرفته.

۲. رفتار منطق‌محور که با کنترل احساس و براساس منطق و با در نظر گرفتن پیامد رفتار، گرفته شده.

۳. رفتار سوم که رفتار خردمندانه‌ست. یعنی در نظر گرفتن ترکیب متعادلی از منطق و احساس، به‌طوری که هم رضایت ما و هم پیامد رفتار در آن بررسی شده باشد.

ما برای اینکه بتوانیم به مرحله‌ای از رشد شخصیت و اعتمادبه‌نفس برسیم که الگوی سوم رفتاری را در پیش بگیریم، نیازمند این هستیم که احساسات و هیجانات خود را بشناسیم. اینکه در هر لحظه دقیقاً چه احساسی داریم و حالات روحی خود را براساس احساس اشتباه، ادارک نکرده باشیم.

مثلاً در مواردی ما فقط بی‌حوصله هستیم و عوامل بیولوژیکی مثل خستگی، گرسنگی یا عوامل محیطی مثل گرما، سرما، شلوغی و... سبب پرخاشگری یا کم‌طاقتی ما شده، ولی ممکن است دقیقاً ندانیم که خسته هستیم، مضطرب

هستیم، خشمگین هستیم یا موارد دیگر و براساس احساسی لحظه‌ای طبق الگوی اول رفتار کنیم و بعدها از عواقب آن پشیمان شویم. برای تسلط رفتاری بر خودمان نیاز است احساسات را بشناسیم و بتوانیم در لحظه آن‌ها را نام‌گذاری کنیم که کدام احساس را داریم.

موضوع شناخت، درک و بیان احساسات در حوزهٔ روان‌شناسی بسیار مهم محسوب می‌شود، به‌نحوی که تحقیقات زیادی در این زمینه انجام شده است.

حاصل این تحقیقات هم نظریه‌ها، مدل‌ها و ارائهٔ توضیحاتی است که به شناخت احساسات کمک بزرگی کرده‌اند.

در این میان رابرت پلاژیک (Robert Plutchik)، روان‌شناس و استاد دانشگاه در آمریکا، مدلی را ارائه داد و با بیان جزئیات به بررسی احساسات انسانی پرداخته و چرخهٔ احساسات را در مدلی به‌شکل چرخ یا گل ارائه داده است، که به گل احساسات رابرت پلاژیک یا چرخ احساسات پلاژیک معروف است.

ایشان گفته‌اند ما هشت احساس پایه‌ای داریم:

- ترس
- غافل‌گیری
- غم
- بیزاری
- خشم
- انتظار
- خوشی (شادی)
- اعتماد

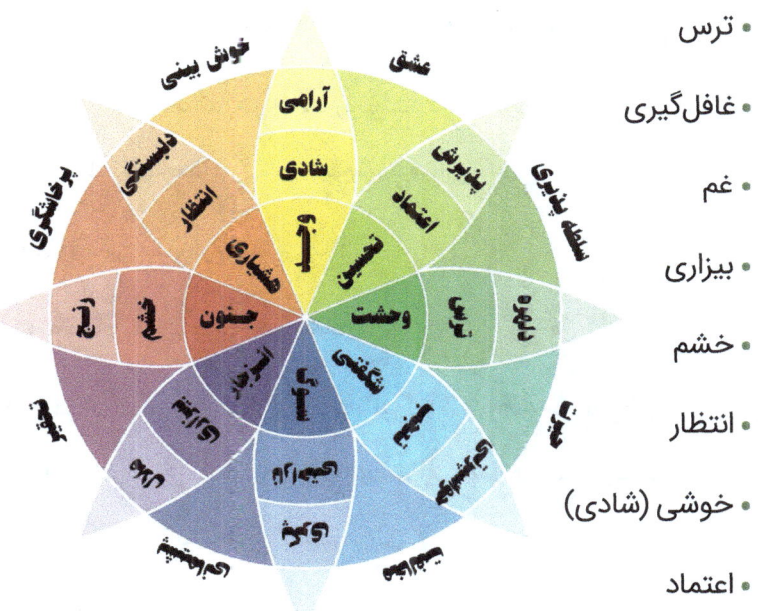

در هر کدام از احساسات پایه‌ای یک لایه شدیدتر و یک لایه کم‌رنگ‌تر می‌تواند وجود داشته باشد.

مثلًا در احساس خشم، لایهٔ کم‌رنگ‌تر رنج و لایهٔ پررنگ‌تر جنون است.

یا مثلاً در احساس ترس، یه لایهٔ کم‌رنگ‌تر می‌شود دلهره و لایهٔ پررنگ‌تر وحشت.

غافل‌گیری ← لایهٔ سبک‌تر حواس‌پرتی و لایهٔ شدیدتر شگفتی

غم ← لایهٔ کم‌رنگ‌تر، پکری و لایهٔ پررنگ سوگ

و در این گل، احساسات روبه‌رویی‌ها در پاسخ فیزیولوژیک بدن مقابل هم‌اند. مثلاً نقطهٔ مقابل اعتماد می‌شود بیزاری.

نقطهٔ مقابل پذیرش ← ملال

نقطهٔ مقابل تحسین ← انزجار

بین دو احساس (در شکل بین دو گلبرگ) هم، احساس سومی قرار می‌گیرد. مثلاً وقتی به کسی اعتماد داریم و در کنار او خوب هم هستیم، ترکیب این دو احساس، عشق را به وجود می‌آورد.

اگر به کسی اعتماد داشته باشیم و از او بترسیم ← سلطه‌پذیری

وقتی از کسی انتظار کاری را داریم و خشمگین می‌شویم ← واکنش ما پرخاشگری خواهد بود.

وقتی از او انتظار داریم و کنار او خوش هم هستیم ← احساس سوم خوش‌بینی خواهد بود.

با مدل پلاژیک می‌توانیم به شناخت احساسات خود تسلط پیدا کنیم و به احساس و رفتار خود اعتماد بیشتری پیدا کنیم و با اعتمادبه‌نفس‌تر رفتار کنیم.

اکثر افراد احساسات خود را نمی‌شناسند و در توصیف حال خود تنها می‌توانند بگویند، حالم خوبه یا حالم بده.

در پاسخ به، چرا حالت بد است، می‌گویند: «نمی‌دانم!»

وقتی خودآگاهی نداریم تفاوت بین، مثلاً خشم و عصبانیت را نمی‌دانیم و نمی‌توانیم احساسات را از هم تفکیک کنیم.

ولی وقتی احساسات را بشناسیم و به خودآگاهی برسیم، می‌توانیم احساسات‌مان را نام‌گذاری کنیم. در این صورت پلی از بخش شناختیِ مغز به بخش بدنی خود می‌زنیم.

یعنی قسمت شناختی مغز فعال می‌شود و آمیگدال و سیستم لیمبیک کمتر کار می‌کنند؛ بنابراین جنبه‌های بدنی و رفتار برای ما کنترل‌شدنی‌تر می‌شود.

اعتماد‌به‌نفس بلوغ رفتاری

پس از اینکه احساسات خود را شناختیم و به خودآگاهی بیشتری رسیدیم، بهتر می‌توانیم نسبت به پیامد رفتارهایمان در لحظه پیش‌بینی داشته باشیم و درنتیجه در لحظه درست‌تر، پخته‌تر و بالغانه‌تر رفتار کنیم.

ویژگی‌های رفتار بالغانه:

- صبر و آرامش در رفتار

- صداقت در رفتار
- ذهن‌آگاهی
- فروتنی
- در نظر گرفتن حق‌وحقوق خود و دیگران
- انعطاف‌پذیری

اعتمادبه‌نفس آرامش

افرادی که در طی کردن پله‌های اعتمادبه‌نفس به این مرحله رسیده‌اند، در رفتار خود آرامش، طمأنیه و صبر دارند و شکرگزارند.

شکرگزاری از ویژگی‌های رفتاری افراد با عزت‌نفس و اعتمادبه‌نفس بالاست. شکرگزاری تمرکز انسان را از مقایسه برمی‌دارد و به‌سوی داشته‌ها می‌برد.

تمرکز بر داشته‌ها، سبب استفادهٔ بهتر از نعمت‌ها و درنتیجه باعث رشد و اعتمادبه‌نفس خواهد شد.

اعتمادبه‌نفس شادکامی

رسیدن به شادکامی و یافتن شادی واقعی در زندگی، به دو فاکتور وابسته بوده و هر فاکتور چند زیر شاخه دارد.

فاکتورهای مؤثر در شادکامی:

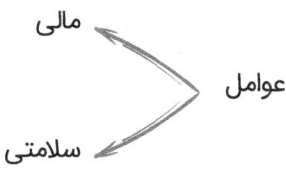

عوامل
- مالی
- سلامتی

روابط
- رابطه با دوستان
- رابطه با خانواده
- رابطه با کار
- رابطه با حاکمیت

۱. فاکتور مالی:

اصل اول شادکامی، داشتن درآمد مکفی به اندازه‌ای است که نیازهای معمول زندگی برطرف شود و انسان در گذران زندگی نگرانی نداشته باشد.

۲. سلامتی:

روح سالم در بدن سالم است. با بدن دردمند و بیمار نمی‌توان به شادکامی رسید و از زندگی لذت برد؛ پس سلامت کلی جسم و اعضای بدن و سلامت روان جزو اصول اولیهٔ شاد زیستن هستند.

۳. رابطه با دوستان:

بعد از دو مورد اول یعنی موارد مالی و سلامتی، کیفیت روابط و افرادی که با آن‌ها در ارتباط هستیم، شادکامی ما را کامل می‌کنند و به ما یادآور می‌شوند که چه کسی هستیم یا چه جایگاهی در این دنیا داریم. همانطور که سعدی شیرین سخن گفته‌اند:

تو اول بگو با کیان زیستی   پس آنگه بگویم که تو کیستی

۴. ارتباط با خانواده:

اینکه ارتباط و رابطهٔ عاطفی ما با خانواده و عزیزان چگونه است، بخش مهمی از شادکامی ما را رقم می‌زند. هر چه پیوندهای عاطفی و روحی انسان قوی‌تر باشد و با افراد بیشتری ارتباط سالم، عمیق و درستی را برقرار کرده باشیم، از سلامت روان و شادکامی و عزت‌نفس بیشتری برخوردار خواهیم بود.

۵. ارتباط با کار:

ما حدود یک‌سوم از روز را در محل کار و در ارتباط با همکاران‌مان سپری می‌کنیم. این موضوع که چقدر به ماهیت کار خود علاقه‌مندیم و کیفیت ارتباط‌مان با همکاران‌مان چقدر است، بخش دیگری از شادکامی ما را رقم می‌زند.

تابه‌حال به این موضوع دقت کرده‌اید که آیا روابط سالمی را در محیطی سالم تجربه می‌کنیم؟ در صورت عدم رضایت، چقدر می‌توانیم تغییر ایجاد کنیم؟

۶. رابطه با حاکمیت:

موضوع بعدی که در شادمانی ما دخیل است، این است که چقدر از شرایط کشوری که در آن زندگی می‌کنیم رضایت داریم؟

در بخش‌های گذشته گفته شد که چهار نوع ارتباط وجود دارد که یکی از آنها ارتباط با دیگران است که این نوع ارتباط به بخش‌های کوچک‌تری دسته‌بندی می‌شود.

برای هر فرد چهار نوع ارتباط وجود دارد:

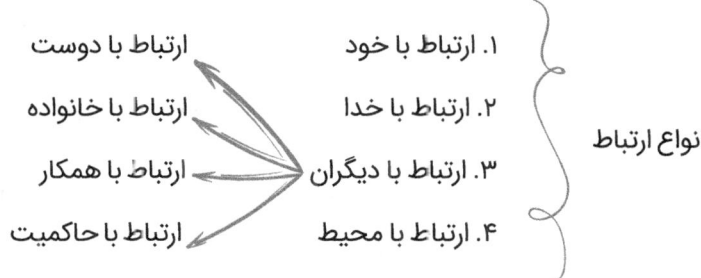

نتایج شادکامی در زندگی

۱. رضایت از زندگی؛

۲. خوش‌خُلقی و هیجان‌های مثبت و خوشایند و دستیابی به عواملی چون خوش‌بینی، عزت‌نفس و امید؛

۳. کاهش بدخُلقی و هیجان‌های منفی؛

۴. احساس شکوفایی.

ویژگی‌های افراد شادکام

۱. داشتن دستگاه ایمنی قوی‌تر و عمر طولانی تر؛

۲. برخورداری از روابط اجتماعی بهتر؛

۳. مقابلهٔ مؤثر با مشکلات؛

۴. خلاقیت و موفقیت بیشتر؛

۵. گرایش داشتن برای کمک به دیگران.

به‌طور کلی، تمرکز بر توانمندی‌ها و رشد دادن آن‌ها، احتمال رسیدن به موفقیت مطلوب را بیشتر از حالتی که برای برطرف کردن ضعف‌ها تلاش می‌کنیم، افزایش می‌دهد.

بهتر است استعدادها و علایق خود را در زندگی شناسایی و در راستای رسیدن به آن‌ها حرکت کنیم.

تا اواخر قرن بیستم، تمرکز علم روان‌شناسی روی برطرف کردن نقاط ضعف انسان‌ها بود. از اواخر قرن بیستم و ابتدای قرن بیست‌ویکم، شاخه‌ای از علم روان‌شناسی به نام روان‌شناسی مثبت‌نگر متولد شد.

مارتین سلیگمن، پدر علم روان‌شناسیِ مثبت‌نگر و از اساتید دانشگاه‌های آمریکا، این رویکرد را که رسیدن به شادکامی و زندگی بهتر با تمرکز بر توانمندی‌ها و رشد آنها دست‌یافتنی‌تر است تا تمرکز بر بهبود نقاط ضعف انسان‌ها، ارائه داد.

روان‌شناسی مثبت‌نگر بر سه اصل تمرکز دارد:

۱. تجربه‌های ارزشمند زندگی، مثل امید، خوش‌بینی، شادی و ....؛

۲. صفات فردی، کار، فعالیت، تلاش، مهارت بین‌فردی؛

۳. ارزش‌های گروهی مثبت و شهروندی مثل مسئولیت‌پذیری، صبوری و دلگرمی.

هدف روان‌شناسی مثبت‌نگر

۱. تصویری زیبا و ارزشمند از زندگی ارائه می‌کند؛

۲. افراد را توانمندتر و استعداد آن‌ها را شکوفا می‌کند؛

۳. موجب شناخت بیشتری از عوامل فردی و گروهی می‌شود که به انسان‌ها کمک می‌کند به بالندگی دست یابند.

روان‌شناسی مثبت‌نگر تصمیم دارد که به‌زیستی و سطح کیفیت زندگی انسان را بهبود بخشیده و درواقع با آموختن مهارت‌های نرم که اعتمادبه‌نفس یکی از مهم‌ترین آن‌هاست، انسان را در مسیر رسیدن به شادکامی یاری دهد.

بعد از اعتمادبه‌نفس، زندگی یه جور دیگه‌اس...

به این خانواده خوش اومدی...

اعتماد به نفس یکپارچگی و تعادل در زندگی

جنبه‌های مختلف زندگی کاملاً به هم متصل‌اند؛ درست مانند اعضای یک بدن. یکپارچگی، به معنی این است که صحبت، عمل و فکر ما با هم هماهنگ باشد؛ یعنی برای سپری کردن مسیر درست، رفتار ما باید در راستای افکار ما و اهداف ما باشد.

برای رسیدن به آرامش درونی و یکپارچگی بیرونی، لازم است که بین فکر، احساس و اعمالمان هماهنگی وجود داشته باشد.

برای دستیابی به این امر در هشت بُعد از زندگی‌مان باید به تعادل برسیم و به اصطلاح چرخ زندگی ما متعادل بچرخد.

اگر در یک بُعد ۳۰ درصد در بُعدی دیگر ۷۰ درصد رشد کرده باشیم، قسمت‌هایی از زندگی در این چرخ بزرگ‌تر و قسمت‌هایی کوچک‌تر می‌شود و این چرخ از حالت دایرهٔ منظم خارج شده و نمی‌تواند به درستی بچرخد.

با مطالعهٔ این هشت بُعد می‌توانیم بررسی کنیم که برای رسیدن به یکپارچگی و تعادل در زندگی، در کدام ابعاد نیاز به ایجاد تغییرات داریم.

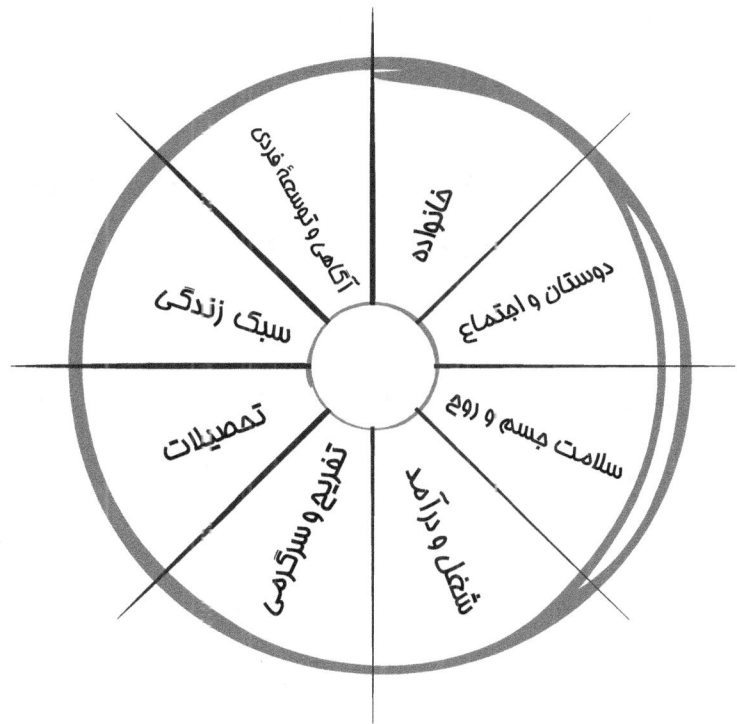

ابعاد مختلف زندگی

۱. سبک زندگی

اینکه چقدر از سبک زندگی خود راضی هستیم و چقدر توانایی در ایجاد تغییرات دلخواه داریم، چقدر به آزادی مالی و زمانی رسیده‌ایم که به سبک مورد علاقهٔ خود زندگی کنیم، یکی از ابعاد یکپارچگی است.

۲. شغل و در آمد

چقدر از شغل خود، محیط، همکاران و ماهیت کار خود رضایت‌مندی داریم؟

۳. سلامت جسم و روح

در این بُعد به سلامت جسم و روان خود چه نمره‌ای می‌دهیم؟ چقدر از کیفیت رابطهٔ خود با روابط معنوی رضایت‌مندی داریم؟

۴. خانواده

به چه میزان از روابط عاطفی و روابط عاشقانهٔ خود و همین‌طور کیفیت ارتباطات‌مان با خانواده‌ای که از آن آمده‌ایم و خانواده‌ای که تشکیل داده‌ایم، راضی هستیم؟

۵. دوستان و اجتماع

چقدر از کیفیت روابط اجتماعی خود و افرادی که با آن‌ها در ارتباط هستیم، رضایت‌مندی داریم؟

۶. آگاهی و توسعه فردی

چقدر در پی کسب مهارت جدید و گسترش شخصیت‌مان هستم؟ چقدر با به‌کارگیری آگاهی‌هایی که داریم توانسته‌ایم در زندگی تغییرات مثبت ایجاد کنیم؟

چقدر به یادگیری مهارت‌های نرم، ارتباطات‌مان با خودمان و دیگران و همچنین سلامت روان‌مان اهمیت می‌دهیم؟

چقدر از خودِ اکنون‌مان راضی هستیم؟

چقدر با خودِ مطلوب‌مان فاصله داریم؟

برای پر کردن این فاصله، چه مهارت‌های جدیدی باید بیاموزیم؟

برای آموختن این مهارت‌ها و به‌کارگیری آن‌ها چه اهدافی داریم؟

۷. تحصیلات

چقدر از موقعیت تحصیلی خود در زندگی راضی هستیم؟

چه برنامه‌هایی برای رسیدن به تحصیلات مطلوبی که در ذهن داریم، قرار است انجام دهیم؟

۸. تفریح و سرگرمی

جایگاه تفریح و سرگرمی در زندگی ما چگونه است؟

نگاه ما نسبت به تفریح چگونه است؟

آیا به تفریح و سرگرمی به عنوان یک نیاز روانی و یکی از ابعاد زندگی نگاه می‌کنیم یا تفریح را وقت تلف کردن می‌دانیم؟

استراحت وقت تلف کردن نیست! استراحت نیاز روح است.

دو نوع استراحت وجود دارد:

۱. استراحت ذهنی

۲. استراحت جسمی

استراحت و تفریح در زندگی، سبب بازیابی توان ذهنی، جسمی و روانی ما می‌شود. مغز را شارژ می‌کند و پس از آن با انرژی بیشتری به کار و زندگی بر می‌گردیم و توان تصمیم‌گیری و انجام کارها را به طرز بهتری خواهیم داشت.

استراحت و لذت بردن از زندگی با تنبلی متفاوت است. تفریح، مغز ما را پرتوان (شارژ) می‌کند.

دوست من، به شما تبریک می‌گم که تا اینجا با من همراه بودی و یکپارچگی و تعادل در زندگی رو شناختی و می‌خوای چرخ زندگی‌ات درست بچرخه.

یکپارچگی به این معنی است که جنبه‌های زندگی‌مون با هم تعادل داشته باشه؛ یعنی اهدافت با رفتارت هماهنگ باشه.

اینطور نمیشه که بخوایم در امتحانات موفق بشیم ولی در رفتارمان درس نخوندن رو نشون بدیم و به دنبال تفریح و میهمانی و اهمال‌کاری در درس باشیم! رفتار باید در راستای رسیدن به هدف باشه.

نمی‌شه بخوایم به تناسب‌اندام برسیم ولی سبک زندگی‌مان در راستای هدف‌مان نباشه! ورزش نکنم! رژیم نگیرم!

رفتار درست و متناسب در راستای هدف، ما رو به هدف‌مون می‌رسونه و برای رسیدن به هدف تعادل، آرامش و موفقیت در زندگی، باید ابعاد چرخ زندگی را در تعادل رعایت کنیم.

افکار ما گفتار ما، گفتار ما، رفتار ما را می سازد؛ رفتار ما عادت‌های ما و عادت‌های ما شخصیت وجودی ما را می سازند و همینطور شخصیت ما، سرنوشت ما را می سازد.

شخصیت

پس برای داشتن یک زندگی تمام عیار، همهٔ این موارد باید در راستای هم و در یک تعادل و یکپارچگی باشند.

دراین‌صورت در اعتمادبه‌نفس هم به یکپارچگی خواهیم رسید.

اعتماد به نفس جذابیت

ما دو نوع جذابیت داریم:

۱. بیرونی ۲. درونی

۱. جذابیت بیرونی، همان ظاهر و پوشش ماست.

۲. جذابیت درونی: رفتارها، شخصیت‌ها، کیفیت زندگی، ارتباطات‌ها، مهارت‌های ما در زندگی و چگونگی استفاده از آن‌ها و نحوهٔ کیفیت ارائه آن‌هاست.

اعتمادبه‌نفس واقعی، در وجود کسی است که به یکپارچگی در جذابیت درونی و بیرونی رسیده باشد.

جذابیت بیرونی ⟵ یعنی چه لباسی می پوشیم؟

جذابیت درونی ⟵ یعنی چگونه رفتار می کنیم؟

بهترین حالت آراستگی، داشتن هردوی آنهاست. پوشیدن لباسی زیبا از جنس مهارت‌هایمان.

اعتمادبه‌نفس

اعتمادبه‌نفس زیباترین لباسی که می‌تونی بپوشی

لباس جدیدت مبارک باشه.

امیدوارم با پوشیدنش به حسی فراتر از حس خوب برسی و بدرخشی.

بعد از اعتمادبه‌نفس، زندگی یه جور دیگه‌ست...

به خانوادهٔ اعتمادبه‌نفس خوش آمدی.

#سفیر_آگاهی_باشیم

بخش پایانی و مرور

در یک مرور کوتاه می‌توانیم موارد زیر را ذکر کنیم:

خودشناسی ⋙ یعنی من کی هستم؟

عزت‌نفس ⋙ من چقدر ارزشمندم؟

اعتمادبه‌نفس ⋙ یعنی من چقدر توانمندم؟

دو نوع اعتمابه‌نفس وجود دارد:

- اعتمادبه‌نفس در انجام کارهای قدیمی (کارهایی که قبلاً انجام دادم): **اقدام**
- اعتمادبه‌نفس در انجام کارهای جدید (کارهایی که می‌خواهم انجام دهم): **یادگیری**

اگر اعتمادبه‌نفس را یک درخت در نظر بگیریم:

ریشه‌های آن ⟵ عزت‌نفس؛

ساقه‌های آن ⟵ اعتمادبه‌نفس؛

محیط و بستر آن ⟵ دوستان، خانواده، اجتماع و آموزش‌هایی که دیدم؛

میوه‌های آن ⟵ دستاوردهای ما در زندگی هستند.

اعتمادبه‌نفس

نتایج و دستاوردها
اعتمادبه‌نفس
محیط، خانواده، اجتماع
عزت‌نفس و خود دوستی

بنابراین می‌توانیم بگوییم که ما در حال یادگیری مهارت‌ها برای دستیابی به زندگی بهتر می‌باشیم.

اعتمادبه‌نفس، وسیلهٔ دستیابی به اهداف ارزشمندتر

اعتمادبه‌نفس یک ابَرقدرت

roodabeh_didehban.ac

سفیر_آگاهی_ باشیم

آغاز یک پایان

سپاسگزارم از اینکه با من همراه شده‌اید.

همیشه تمام تلاشم را می‌کنم که لحظه‌های با من بودن برای همراهانم تجربه‌ای لذت‌بخش بسازد. در کتاب‌هام، سمینارهام، دوره‌های آموزشی‌م، چه آنلاین و چه حضوری سعی می‌کنم حس خوب را به همراه مهارت و آگاهی به همراهانم هدیه بدم تا پس از نهادینه کردن مهارت‌ها در وجود خودشون و استفاده از آن‌ها در زندگی، به حسی فراتر از حس خوب برسن.

همان‌طور که قبلاً هم گفتم، فکر نکنید که با پایان این کتاب ارتباطمون هم به پایان رسیده؛ این تازه شروع یک سفر جذاب پر از مهارت آگاهی و حس خوبه. از امروز ما یه خانواده می‌شیم.

اعتماد‌به‌نفس
زیباترین لباسی که می‌تونی بپوشی

این خانواده‌مون روزبه‌روز بزرگ‌تر هم می‌شه.

قراره کلی روزهای دیگه در کنار هم باشیم و از هم بیاموزیم.

امیدوارم الآن که مطالعهٔ این کتاب رو به پایان رسوندین و تمریناتش رو انجام دادین، قدرت بی‌پایان گرفته باشین و باور کرده باشین که بعداز اعتمادبه‌نفس زندگی یه‌جور دیگه‌ست.

حالا برای خودت به این سؤال‌ها پاسخ بده:

❋ زندگی خود را بعد از خواندن این کتاب چگونه می‌بینید؟

❋ سالِ بعد خود را چگونه می‌بینید؟

❋ خودِ اکنون شما چقدر با خودِ مطلوب شما فاصله دارد؟

❋ برای پرکردن این فاصله تصمیم دارید چه کارهایی انجام دهید؟

اگر فکر می‌کنی این کتاب برات مفید بود و با انتشار آگاهی می‌تونی به اطرافیانت هم کمک کنی، یه جمله یا نکته که از اون حس خوب گرفتی یا جلد کتاب رو استوری کن و دوستات رو به خانوادهٔ جدیدمون دعوت کن. راستی منم منشن کن که در این حس خوب شریک بشم. پیجت رو ببینم و بیشتر باهات آشنا بشم.

roodabeh_didehban.ac 📷

یا اگه دوست داشتی در مناسبت‌هایی که می‌خوای عزیزانت رو خوشحال کنی، می‌تونی یک جلد از این کتاب رو هدیه بدی و چه هدیه‌ای بهتر از آگاهی؟

آکادمی رودابه دیده‌بان.

اگر سؤالی داشتی در دایرکت ازم بپرس و اگه دوست داشتی دوره‌ها رو شرکت کنی، اونجا بیشتر تمرین کنی و با کلی افراد هم‌هدف آشنا بشی، بهم دایرکت بده.

roodabeh_didehban.ac

خوشحال می‌شم اونجا ببینمت.

#سفیرـ‌آگاهیـ‌باشیم

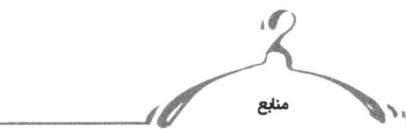

منابع

۱. براندن، ناتانیل (۱۴۰۲)، روانشناسی عزت‌نفس، مترجم: قراچه‌داغی، مهدی، تهران: نشر نخستین.

۲ـ براندن، ناتانیل (۱۴۰۲)، شش ستون عزت‌نفس، مترجم: فرجی، مهناز، تهران: آرایان.

۳ـ بی‌باک، محمد (۱۳۹۳)، خودشناسی، تهران: آموخته، یارمانا.

۴ـ تریسی، برایان (۱۴۰۰)، نیروی اعتمادبه‌نفس، مترجم: مشایخ، لیلی. تهران: لیوسا.

۵ـ دویل ملتون، گلنون (۱۴۰۲)، جنگجوی عشق، مترجم: پرهیزکاری، سمانه، تهران: ملیکان.

۶ـ دی آنجلس، باربارا (۱۴۰۱). اعتمادبه‌نفس آن را بیابید و با آن زندگی کنید، مترجم: آزادی، لیلا. تهران: معیار اندیشه.

۷ـ رابینسون، مک کورمیک؛ جیمز، دبورا (۱۳۹۵). راهنمای جامع بهداشت روانی و سلامت جسمانی، مترجم: پزشک، هاشمی آذر؛ شهلا، ژانت. تهران: ارجمند.

۸ـ سانتراک، جان (۱۳۹۷)، زمینه روانشناسی سانتراک، مترجم: فیروزبخت،

مهرداد، تهران: رسا.

۹ـ فورد، دبی (۱۳۹۲)، شجاعت، مترجم: سپهرپور، ناهید. تهران: بنیاد فرهنگی زندگی دیجیتال.

۱۰ـ مارشال ریو، جان (۱۴۰۲)، انگیزش و هیجان، مترجم: سیدمحمدی، یحیی. تهران: ویرایش.

۱۱ـ مراک، کریستوفر ( ). در راه عزت‌نفس.

۱۲ـ مراک، کریستوفر ( ). عزت‌نفس تحقیقات نظریه‌ها کاربرد .

۱۳ـ مک‌کی، فنینگ؛ ماتیو، کی پاتریک (۱۴۰۲)، رشد و افزایش عزت‌نفس. مترجم: مهرناز شهرآرای. تهران: آسیم.

۱۴ـ مکنا، پل (۱۳۸۸). نیروی اعتمادبه‌نفس سریع. مترجم: گنجی، سپانلو؛ لادن، کیوان. تهران: سیمای دانش، آذر.

۱۵ـ نف، کریستین (۱۴۰۰)، شفقت، مترجم: موسویان، الهام. تهران: ارجمند.

۱۶ـ هاردی، دارن (۱۳۹۴). اثر مرکب. مترجم: حیدری، احمدپور؛ میلاد، لطیف. تهران: نگاه نوین.